全面风险管理框架下
我国学校体育风险管理研究

陈蔚　廖意　著

WUHAN UNIVERSITY PRESS

武汉大学出版社

图书在版编目(CIP)数据

全面风险管理框架下我国学校体育风险管理研究/陈蔚,廖意著.
—武汉:武汉大学出版社,2025.4
ISBN 978-7-307-24166-4

Ⅰ.全… Ⅱ.①陈… ②廖… Ⅲ.学校体育—风险管理—研究—
中国 Ⅳ.G807

中国国家版本馆 CIP 数据核字(2023)第 228899 号

责任编辑:沈继侠 责任校对:鄢春梅 版式设计:马 佳

出版发行:**武汉大学出版社** (430072 武昌 珞珈山)
(电子邮箱:cbs22@whu.edu.cn 网址:www.wdp.com.cn)
印刷:湖北云景数字印刷有限公司
开本:720×1000 1/16 印张:11 字数:178 千字 插页:1
版次:2025 年 4 月第 1 版 2025 年 4 月第 1 次印刷
ISBN 978-7-307-24166-4 定价:48.00 元

目　　录

第一章 绪 论

第一节 选 题 背 景

近年来，国家发布的《全民健身条例》《"健康中国 2030"规划纲要》《健康中国行动(2019—2030 年)》和《中国教育现代化 2035》等政策文件对学校体育提出了新的发展目标和要求。2020 年 10 月，中共中央办公厅、国务院办公厅印发的《关于全面加强和改进新时代学校体育工作的意见》明确指出，"学校体育是实现立德树人根本任务、提升学生综合素质的基础性工程，是加快推进教育现代化、建设教育强国和体育强国的重要工作，对于弘扬社会主义核心价值观，培养学生爱国主义、集体主义、社会主义精神和奋发向上、顽强拼搏的意志品质，实现以体育智、以体育心具有独特功能"[①]。学校体育正逐渐成为促进教育现代化、实现中华民族伟大复兴中国梦的重要途径之一，也成为实现体育强国目标的重要战略阵地之一。

然而，在学校体育大力开展的同时，也产生了诸多学校体育风险事件，学校体育安全问题越来越受到社会及各界学者的广泛关注。有研究证明，因学校体育活动引起的意外伤害事故约占 60%，并有逐年上升的趋势，[②] 26.7%的学生在体

---

① 两办印发意见：加强和改进新时代学校体育、美育[EB/OL]. (2020-10-16)[2022-03-11]. https://baijiahao.baidu.com/s? id=1680670351682616890&wfr=spider&for=pc.

② 郑柏香，白风瑞，邹红，等. 学校体育风险管理中的几个理论问题探讨[J]. 体育与科学，2009，30(06)：90-92.

育教学中受到过伤害。① 学校体育伤害事故造成的人身伤害以及引发的一系列经济法律问题，不仅阻碍了学生的身心健康发展，给学生的家庭带来了不幸，同时直接影响了学校体育工作的正常开展，也极易引发社会舆论，不利于社会的稳定。对此，某些学校为降低学校体育伤害事故的发生率，打造绝对平安校园而采取了减少甚至取消学校体育活动开展的措施，这种取消学校体育活动的方式，虽然在一定程度上消除了风险，但学校体育存在的锻炼与教育的双重价值也随之消失，学校体育应有的育人作用也无法发挥。因此，在大力推进学校体育的新时代背景下，合理科学地防范和处理学校体育风险事件，安全高效地组织和开展学校体育工作刻不容缓。

为了有效预防学校体育伤害事故的发生，保障学生的身心健康，同时确保学生伤害事故得到妥善处理，教育部于 2002 年颁布了《学生伤害事故处理办法》，明确了学生伤害事故发生后的责任归属以及事故处理办法。之后，国家相继出台了《中共中央　国务院关于加强青少年体育增强青少年体质的意见》(2007)、《关于推行校方责任保险完善校园伤害事故风险管理机制的通知》(教体艺〔2008〕2号)以及《关于进一步加强学校体育工作的若干意见》(2012)等文件，明确要求健全学校体育风险管理体系，建立健全政府主导、社会参与的学校体育风险管理机制。② 2015 年，教育部印发了我国第一个关于学校体育风险防控的《学校体育运动风险防控暂行办法》，该办法有针对性地对学校体育(如体育课、课外活动、体育比赛、课间操等)中的体育运动风险作出了相关规定，明确了体育运动的管理职责、常规要求以及事故处理等方面的准则，将学校体育运动风险列为一个独立的板块，强调了体育风险事故的预防要求。③ 预防为主、防治结合的体育运动风险管理为学校体育工作的开展筑起了一道有力的保护屏障。2020 年 5 月，面对新出现的疫情，教育部再次印发《关于在常态化疫情防控下做好学校体育工作的

---

① 古维秋. 体育教学中伤害事故的风险管理[J]. 首都体育学院学报，2007(02)：102-104.

② 国务院办公厅转发教育部等部门关于进一步加强学校体育工作若干意见的通知[EB/OL]. (2012-10-29)〔2022-03-18〕. http：//www. gov. cn/zwgk/2012-10/29/content_2252887. htm.

③ 教育部关于印发《学校体育运动风险防控暂行办法》的通知[EB/OL]. (2015-04-30)〔2022-02-11〕. http：//old. moe. gov. cn/publicfiles/business/htmlfiles/moe/s3273/201505/188009. html.

指导意见》，意见中明确指出学校要综合考虑学校体育工作面临的风险，优化体育课程内容和教学方式方法。[①] 新时代下，学校体育如何应对学校风险事件，如何合理防范学校风险事件的发生成为亟待解决的问题。

本书以学校体育风险管理为研究对象，基于风险管理和事故致因理论，从风险归因、风险评估、风险应对等方面，从学生、教师、医疗保障、环境等多个角度，结合国内外学校体育运动风险实例，针对各级学校体育和学生身心发展特点，通过典型案例的分析和调查问卷，探析学校体育风险致因，评估学校体育风险致因影响程度，提出切实可行的学校体育风险规避、风险承受、风险转移以及风险应对等方法，以期完善风险防范渠道，保障学校体育安全开展。

第二节　研究意义

本书以风险管理理论为基础，立足于我国学校体育风险管理现状，试图建立较为系统的、切实可行的学校体育风险管理模式，以丰富我国学校体育风险管理理论，促进全面风险管理工具在学校体育风险管理实践中的运用。

在学术价值上，研究试图在对全面风险管理理论分析的基础上，结合学校体育风险自身的特点，清晰界定我国学校体育风险管理的目标、要素、特征、主要内容和体系架构，以丰富我国学校体育风险管理理论的内涵。在此基础上，将定性研究与定量研究相结合系统识别和评估学校体育风险因子，以为我国学校体育风险管理理论研究提供参考，拓展学校体育风险管理研究的广度和深度。

在应用价值上，本书试图运用全面风险管理分析框架，通过调查分析我国学校体育风险管理现状，明确学校体育风险类型、影响因素及其指标体系，找出学校体育风险控制和防范的不足，构建行之有效的学校体育风险防范体系，以为学校体育风险管理理论研究提供现实依据，为缓解学校体育风险提供决策依据，为学校体育伤害事故风险防范提供实践指导。

---

① 教育部应对新冠肺炎疫情工作领导小组办公室关于在常态化疫情防控下做好学校体育工作的指导意见［EB/OL］.（2020-05-20）［2022-02-07］. http：//www. gov. cn/xinwen/2020-05/20/content_5513332. htm.

第三节 核心概念

一、风险

风险的定义及其分类因其学科研究角度的不同而体现出差异性，比较有代表性的风险定义及其分类如下：

在经济学领域，风险被界定为一事件造成破坏或伤害的可能性或概率。① 法国学者莱曼在其出版的《普通经营经济学》中将风险定义为"损失发生的可能性"②。日本学者武井勋认为"风险是在特定环境中和特定期间内自然存在的导致经济损失的变化"③。社会学、文化学研究领域的学者则更倾向将风险界定为某个群体对危险的认知程度，认为这是社会结构自身所具有的功能。著名学者道格拉斯将风险的概念界定为"风险是对未来知识与期望所持有共识的共同产物"④。贝克认为风险是一种应对现代化本身诱致和带来的灾难与不安全的系统方法。⑤ 美国著名风险管理学者 A. H 威雷特认为"风险是关于不愿发生的事件发生的不确定性之客观体现"⑥。美国人韦氏（Webster）将风险界定为遭受损失的一种可能性。国际标准化组织的 IOS 13702—1999 将风险界定为衡量危险性的指标，风险是某一有害事故发生的可能性与事故后果的组合。由于其研究角度和研究时间的差异，学界对"风险"一词的概念尚无统一意见。但纵观上述学者或官方机构对风险作出的定义主要包括以下几个方面：第一，风险是对未来事件发展过程的一种不确定性认知概念；第二，风险是一种物质特性，对于事件结果具有不确定

---

① Mary Douglass. Risk Acceptability According to the Social Sciences [M]. London: Routledge, 2003: 20.

② 刘新力. 风险管理[M]. 北京: 北京大学出版社, 2006: 7-9.

③ 谢旭光. 企业物流风险四维传导模型[J]. 中国市场, 2008(32): 38-39.

④ M. Douglas, A. Wildavsky. Risk and Culture[M]. Berkeley: University of California Press, 1982: 171.

⑤ Ulrich Beck. Risk Society: Towards a New Moder-nity [M]. Translated by Mark Ritter. London: Sage Publications, 1992: 85.

⑥ 刘立峰. 宏观金融风险——理论、历史与现实[M]. 北京: 中国发展出版社, 2000: 69.

性；第三，风险是潜在影响事物的因素，具有或然性。

风险基于研究领域的差异而界定不同，风险分类的标准基于对风险本质认识的不同也有不同的划分。其中，基于不同的风险性质，风险可分为纯粹风险和投机风险；基于风险的发生规律，风险可分为静态风险和动态风险；基于不同的风险成因，风险可分为自然风险、法律风险、技术风险等；[①] 根据承担风险后果的主体的社会属性的不同，风险可分为个体风险、群体风险和社会风险。[②] 基于不同分类标准，可将风险分为诸多类型，风险分类的本质是促进风险认识，实现有效风险类型划分，从而更好地作用于风险管理的全过程。

在体育领域，我国学者张大超依据不同的分类标准，对体育风险分类进行了研究。他认为，风险在体育领域可以根据不同的标准划分为不同的类型：(1)依据风险涉及体育的不同领域，可分为竞技体育风险、学校体育风险、体育锻炼风险、体育休闲娱乐风险、体育组织机构风险。(2)依据影响体育发展的因素不同，体育风险可以分为体育自然风险、体育社会风险、体育经济风险、体育政治风险、体育法律风险、体育伦理风险。(3)依据体育组织、部门或管理者在体育活动运行过程中可能造成的伤害或责任的不同，体育风险可分为体育人身意外伤害风险、体育责任损失风险、体育财产风险、体育知识产权风险、体育环境风险、体育管理责任风险。[③]

基于以上研究，本书将风险界定为在特定环境中，由事件中的不稳定因素引发对事件造成正面或负面影响的概率事件。

风险是由多种要素构成的，一般来说，主要由风险因素、风险事件及其后果或损失3个要素共同构成。风险因素、风险事件和损失之间存在着一定的内在因果联系，这些要素共同作用决定了风险的产生和发展。风险因素是指促使某一特定损失发生或增加其发生的可能性或扩大其损失程度的原因。风险事件或风险源是指引起损失的直接原因，是促使风险有可能变为现实的事件。损失是指非故意

---

① 陈伟.论公共风险管理理论体系的构建[J].国际经贸探索，2005(04)：70-76.

② 陈伟.我国企业进行风险管理的必要性及前景展望[J].南开经济研究，1993(01)：37-41.

③ 张大超，李敏.国外体育风险管理体系的理论研究[J].体育科学，2009，29(07)：43-54.

的、非计划的、非预期的价值减少。只有 3 个要素的条件都满足才可称之为一项活动或任务的风险。风险的发生一般包括风险形成、风险发生和风险损失。风险形成是产生风险事故的条件；风险的损失是风险事故产生的结果，其既可能是物质上的损失，也可能是身体或精神上的损伤。

二、体育风险和学校体育风险

体育是指以身体练习为基本手段，其目的是增强人的体质、促进人的全面发展，促进精神文明建设的一种有目的的、有意识的、有组织的社会活动。① 体育风险是指人们在通过身体练习增强体质的过程中由于不确定的因素所引发的损伤事件。

学校体育是以促进学生身心发展、强化学生体魄、增强学生道德品质教育为目的的一种以体育运动的形式开展的，有计划性、目的性、组织性的学校教育活动。学校体育既是各种体育运动的基础，也是学校教育中不可缺少的一部分。学校体育包括体育课、课外体育活动、课外体育训练、学校体育竞赛以及学校组织的校外体育活动等，学校体育的开展既能增强学生的体质，也能培养学生的体育兴趣，从而促使学生形成终身进行体育锻炼的习惯。保障学校体育的良好发展对促进我国体育事业的健康发展及提高学生体质健康水平具有重要的意义。

学校体育风险是指由在学校体育活动开展过程中潜在的不确定风险因素（风险源）所引发的学生损伤事件。学校开展一切体育活动的目的是促进学生的身心健康发展，而体育运动的特殊性也决定了学校体育活动中风险的不可预知性。学校体育自身的特点决定了学校体育风险有别于其他领域内的运动风险。对学校体育进行风险管理时应结合学校体育自身的特点，考虑与学生特点相关的多方面因素，包括学生道德教育对体育运动的影响、体育运动对学生心理发展的影响、运动强度与运动量对学生生长发育的影响、运动环境对学生身体健康的影响、学生年龄及认知水平对运动安全的影响等。同时，在对学校体育风险进行风险识别、风险评估和风险应对时，应结合学校体育在目的、方法和手段上的不同形式，将学校体育风险管理进行细化，以便进一步提高学校体育风险管理成效。

---

① 曹湘君. 体育概论[M]. 北京：北京体育学院出版社，1985：47.

三、风险管理与学校体育风险管理

（一）风险管理

从字面意义上看，风险管理针对的对象是风险。风险由风险暴露、风险因素、风险事故、风险损失四个要素构成，而风险管理主要是对其中的风险因素进行事前预防、事中抑制以及事后补救。

经济学家王传纶为美国学者科罗赫的《风险管理》一书作序时写道"风险不可消灭，但可以控制。控制的办法就是管理"，即风险事故是否发生，何时发生，何地发生，事故发生的严重性、伤亡程度、损失金额都具有不确定性以及不可抗力，事故的发生存在着偶然性，偶然中存在着必然，若放任风险，忽视风险，风险的发生率会增加，因此重视风险管理，降低事故发生的偶然性与必然性是风险规避的根本方法。① 美国学者威廉姆斯等在 1964 年出版的《风险管理与保险》一书中，将风险管理定义为"风险管理是通过对风险的识别、衡量和控制，以最低的成本使风险所致的各种损失降到最低限度的管理方法"②。许瑾良（1989）将其定义为"风险管理是通过运用一般的管理方法对一个组织的资源与活动进行管理，并以尽可能少的成本减少损伤事故对一个组织的资源与环境造成的不良影响"③。陈德明、李晓亮和李红娟（2012）将风险管理定义为"风险管理是通过风险识别、风险评估、风险应对及风险管理效果评价对风险事件进行控制，从而达到降低风险损失程度、保障目标实现的管理过程"④。刘新立（2014）在《风险管理》一书中指出："风险管理是对某一组织所面临的风险进行评价和处理。"⑤董杰和刘新立

---

① ［美］米歇尔·科罗赫（Michel Crouhy），［美］丹·加莱（Dan Galai），［美］罗伯特·马克（Robert Mark）．风险管理［M］．曾刚，罗晓军，卢爽，译．北京：中国财政经济出版社，2005：77.

② ［美］威廉姆斯，［美］汉斯，等．风险管理与保险［M］．陈伟，等译．北京：中国商业出版社，1990：61.

③ 许瑾良．美国的保险业管理［J］．上海金融，1989（03）：33.

④ 陈德明，李晓亮，李红娟．学校体育运动风险管理研究述评［J］．北京体育大学学报，2012，35（09）：102-108.

⑤ 刘新立．风险管理［M］．北京：北京大学出版社，2006：104.

(2020)将风险管理定义为："风险管理是指各种经济单位通过风险识别、风险评估，在此基础上优化组合各种风险管理技术，对风险实施有效的控制和妥善处理风险所致损失的后果，以期以最小的成本获得最大的安全保障。"①

由以上定义可看出，风险管理主要是在对风险进行准确识别与评估的基础上，选用损耗成本最少、手段最佳的应对方式对未来有可能发生的风险事件进行有效防范，并对风险管理中的风险识别、风险评估及风险应对三个方面作出效果评价，即通过风险识别、评估、应对和管理效果评价四个环节对某个具体的风险事件进行控制与防范，从而达到降低风险损失程度，保障目标实现的目的。

（二）学校体育风险管理

体育活动风险伴随整个运动过程。体育风险管理即是运用风险管理理论对运动中的风险进行风险识别、风险评估及风险应对，通过风险识别剖析危害体育安全事件的风险致因，在此基础上进行风险评估和应对，以达到降低体育运动风险事件发生、保障体育运动目标实现的目的。

学校体育主要由学校体育课教学、课外体育活动、体育竞赛、课外体育训练等构成，包含了学校体育管理负责人、教师、学生、医务人员等人员主体，场地器材、天气环境等环境因素。学校体育风险管理是风险管理和体育风险管理的延伸，是运用风险管理理论将学校体育中存在的安全问题转化为风险管理问题，对学校体育课教学风险、课外体育活动风险、课外体育训练风险、体育竞赛风险等进行风险识别，对开展学校体育活动时可能存在的风险及其影响程度进行剖析，并在此基础上，通过采取风险规避、风险转移、风险降低及风险承受等方式实现最大化降低损失的策略方案，减少或避免在学校体育伤害事故中，各主体可能承受的身体或心理伤害、财务损失等。

四、学校体育伤害事故

学校体育作为学校教育的重要组成部分之一，在促进学生身心健康、强健体

---

① 董杰，刘新立.北京2022冬奥会支出的风险与风险管理［J］.体育与科学，2020，41（01）：16-27.

魄、品德发展等方面具有重大意义，但体育运动自身所具有的特殊竞争性和对抗性导致体育伤害事故时有发生。2002年教育部出台的《学生伤害事故处理办法》第2条明确提出了学生伤害事故的判定标准"在学校实施的教育教学活动或学校组织的校外活动中，以及在学校负有管理责任的校舍、场地、其他教育教学设施、生活设施内发生的造成在校学生人身损害后果的事故"①。目前，我国在《民法典》《教育法》《学生伤害事故处理办法》《未成年人保护法》和《体育法》等法律法规中对学校体育伤害事故均有论述。学校体育伤害事故必须是学校组织实施的体育活动；活动类型可包括体育课、课外体育活动、体育竞赛和课外体育训练；事故发生在学校负有管理责任的体育场馆或其他体育设施；事故造成了在校学生人身损害后果。学校体育伤害事故是学校体育风险事件的直接后果。

第四节　研究对象与研究方法

一、研究对象

本书以学校体育风险管理为研究对象，以政府部门、教育管理者、教师、学生等为调查对象，以学校体育风险管理的识别、评估和应对为主线，基于风险管理理论和框架，系统描述我国学校体育风险识别、评估、控制及防范的全过程，并构建学校体育风险识别指标体系、评估体系以及学校体育风险控制模式和防范体系。

二、研究方法

本书主要采用了以下几种研究方法：

（1）文献资料法。收集查阅国内外有关风险管理、全面风险管理、学校体育风险管理等方面的文献，收集整理有关学校体育风险的案例，对以上文献进行内容分析。

（2）问卷调查法。采用随机抽样方式，以学校作为单个抽样单位，随机抽取体育教师、学生、本领域相关专家、教育管理者为调查对象。为保证问卷的效

---

① 罗嘉司.体育行政立法管窥[J].武汉体育学院学报，2005，39（03）：13-15.

度，聘请本领域专家进行内容效度评价，在进行必要的修改和补充后进行发放。为保证问卷的信度，本书对问卷采用再测法进行一致性检验，求得相关系数，编制了《学校体育风险调查问卷》。

（3）访谈法。编制《学校体育风险管理访谈提纲》，与学校体育相关的教育管理者、专家、教师进行访谈，了解学校体育风险管理现状及存在的问题。

（4）定量分析法。根据研究对象的不同，利用描述性统计、因子分析和事故树分析法等分析学校体育风险发生的频率与分布情况，确定风险状态发生的各种影响因素；利用风险矩阵法建立学校体育风险指标体系和权重。

（5）案例分析法。收集中国裁判文书网、北大法宝及 openlaw 网等法律判决文书网站近五年中小学学校体育伤害事故案件 3225 例，通过对数据进行筛选和清洗，最终获得与学校体育伤害事故相关案例 2608 例，并以此作为数据分析的基础，结合理论模型对典型案例进行实证研究。

（6）德尔菲法。选取从事学校体育活动的教师及其学校体育等方面的 20 名专家和学者（见表 1-1），经过三轮专家匿名函询或电子邮件，对基于问卷调查、实地访谈、文献梳理等初步确定的学校体育风险指标进行修订。第一轮调查发放问卷 20 份，回收 20 份，回收率 100%，95% 为有效问卷；第二轮与第三轮各调查发放问卷 20 份，回收率 100%，90% 为有效问卷。采用计算指标协调系数的方法，检验各专家对不同指标看法的一致性程度。两轮专家问卷检验结果显示，指标体系的各级指标 P 值都小于 0.05 且问卷内部一致性较优，具有统计学意义，最终确定学校体育风险各领域指标框架。

表 1-1　　　　　　　　　专家团队情况一览表

专 家 团 队	职称/职务	学历	平均从事相关工作年限（年）
学校分管体育负责人	副校长 2；体育课部主任 2	博士 2；硕士 2	15.3
体育专任教师	高级 2；副高级 2	博士 2；硕士 2	17.1
学校体育研究专家	教授 3；副教授 5	博士 8	15.5
风险管理研究专家	教授 1；副教授 3	博士 4	14.2

第二章 文献综述

国外对体育领域风险管理的运用起步较早，20 世纪 80 年代末，日本、加拿大、美国等国家已有了较成熟的研究成果。至今，已形成了相对成熟的体育风险管理理论体系和体育风险管理运作实践模式。国外相继出现了多本有关体育风险管理的专著，如 *Risk Management in Sport and Recreation*；*Risk Management in Sport：Issues and Strategies*；*Safety and Risk in Primary School Physical Education：A Guide for Teachers* 等。我国有关体育领域风险管理的研究较之国外更晚。从现有研究成果来看，国内外有关体育风险管理的研究重点基本相同，主要从体育风险管理相关概念内涵与外延、风险分类及其风险管理的过程等方面进行了分析和论述。而现有研究中，学者更多地关注其在竞技体育、赛事管理等领域的运用，与学校体育风险管理相关的研究成果相对较少。

第一节 学校体育风险发文时序分析

从国内外学校体育风险研究文献数量来看，国外学校体育风险研究发文量远高于我国学校体育风险研究；从研究起始时间来看，国外学校体育风险研究最早从 1996 年开始，起步较早，而国内相关研究起始于 2004 年，起步较晚；从整体发文趋势来看，国内外学校体育风险相关研究皆处于整体上升趋势，国外研究尤其明显。2014 年起，国外学校体育风险核心期刊发文量均超过 300 篇，到 2016 年国外期刊发文数量超过 400 篇，呈爆发式增长，结合近年来国外体育伤害事故频繁发生，越来越多的国外学者开始关注学校体育风险的研究，具体如图 2-1 所示。

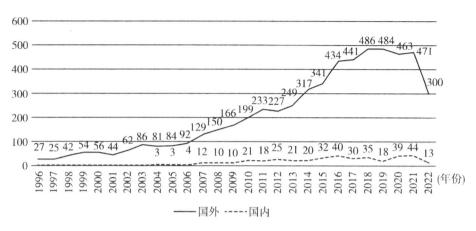

图 2-1 学校体育风险发文时序统计图

从国内外发文时序来看，国内外学校体育风险研究皆可分为三个阶段。在国外研究中，可将其大致分为萌芽期(1996—2002 年)、初步发展期(2003—2011年)和快速发展期(2012 年至今)；国内研究则可分为初步萌芽期(2004—2009年)、缓慢发展期(2010—2014 年)和稳定发展期(2015 年至今)。对比国外发展阶段与文献发展数量来看，虽然我国学校体育风险研究相较于国外起步较晚，发义数量也相对较少，但总体上仍呈现上升趋势，越来越多的学者开始聚焦于我国学校体育风险研究。这一趋势的主要原因在于，近几年国家开始重视学校体育活动的风险管理，特别是随着近年来学校体育活动的蓬勃开展，学校体育伤害事故和学生运动猝死事件也呈现频发态势，国家相继颁布了《关于进一步加强学校体育工作的若干意见》《学校体育运动风险防控暂行办法》等政策文件，明确要求健全学校体育风险管理体系，建立健全政府主导、社会参与的学校体育风险管理机制。在国家政策导向以及对学生体质要求提高的双重作用下，越来越多的学者开始关注学校体育风险研究。

第二节 学校体育风险研究热点可视化分析

为了更清晰地了解近年来学校体育风险研究内容，本书运用 CiteSpace 对研究内容进行了可视化分析，主要采用 CiteSpace V(5.4.R1)版本，通过主题确定及文献筛选、选择数据来源、软件运行设置、可视化分析四个步骤进行。

主题确定及文献筛选阶段，国内数据以 CNKI 文献数据库为数据来源库进行检索，围绕"学校体育风险"主题，设置检索词"体育"并且"风险"，检索出 2204 条中文文献，由于我国对"学校"这一概念表述方式较多，包括小学、初中、高等教育、中职专院校等多种表述形式，为保证数据的高度有效性，本书对 1459 条结果进行手动筛选，获得与"学校体育风险"相关文献 398 篇。国外文献通过 Web of Science 数据库为数据来源库进行检索，将检索词设置为"risk"and "sports"and "school or college or university"，检索出 5743 篇相关文献。

软件运行设置阶段，国内文献数据在选定数据来源后导出数据，进行格式转化，并在 CiteSpace V（5. 4. R1）操作界面进行设置，根据本次研究主题及检索数据最早时间，将时区设置为 2004—2022 年，时间切片设置为 2 年一段，国外文献数据软件运行设置时区为 2009—2022 年，时间切片设置为 1 年，算法（Pruning）设置为 Pathfinder；Pruning sliced network；Pruning the merged network。

通过软件运行形成可视化图谱后，对图谱节点以及阈值呈现进行调整并分析图谱信息，包括出现频次、中介中心性等，同时对节点信息和线段颜色进行解读，如转折点（Pivot node），有紫色外圈的节点具有高的中介中心性；标志点（Landmark node）的大小代表总被引次数，即节点越大其被引频次越高也是其中介中心性。[①]

一、国外研究热点关键词分析

关键词是一篇文章研究主题核心的浓缩与提炼，其出现频次越高表明其研究主题热度越高，[②] 通过分析国外学校体育风险文献关键词的出现频次和中介中心性可以直观了解国外学校体育风险的研究热点。其中，中介中心性（Between Centrality）是侧度节点在网络中重要性的一个指标，CiteSpace 中使用该指标来发现和衡量文献的重要性，中介中心性越高则该词在其研究领域与研究主题相关度

①　李杰，陈超美. CiteSpace：科技文本挖掘及可视化［M］. 北京：首都经济贸易大学出版社，2015.

②　石岩，高鸿瑞. 我国体育风险研究热点、脉络演进与展望［J］. 体育研究与教育，2018，33（04）：1-9，98.

越高，联系紧密的区块代表该研究领域的重点和前沿方向。

运行 CiteSpace V(5.4.R1)，时区(Time Slicing)设置为 2009—2022 年，时间切片(Years Per Slice)设置为 1 年一段，节点类型(Node Types)选择为 Keywords，阈值算法(Selection Criteria)选择为 Top N = 30，算法(Pruning)设置为 Pathfinder，并选择 Pruning sliced networks 和 Pruning the merged network 两种裁剪方式使可视化图谱更加清晰，因此得到国外学校体育研究热点关键词可视化图谱及关键词频次及其中介中心性，如图 2-2 和表 2-1 所示。

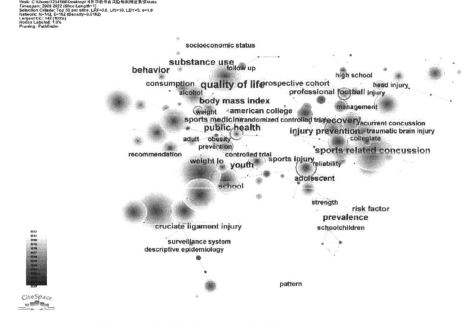

图 2-2　国外学校体育风险研究热点关键词可视化图谱

表 2-1　国外学校体育风险研究热点关键词频次及其中介中心性(前 15 位)

Serial number	Keywords	Count	Centrality
1	physical activity	707	0.03
2	risk factor	672	0.08
3	risk	664	0.03

续表

Serial number	Keywords	Count	Centrality
4	sport	418	**0.04**
5	*children*	412	0.23
6	high school	401	0.11
7	*adolescent*	324	0.31
8	epidemiology	320	0.03
9	traumatic brain injury	288	0.06
10	*prevalence*	280	0.40
11	health	267	0.03
12	united states	262	0.02
13	injury	253	0.06
14	exercise	244	**0.03**
15	prevention	241	0.06

注:"黑体和斜体部分"表示该关键词不仅频次排在前十五位,其中介中心性也排在前十五位。

(一)体育活动(physical activity)、运动(sport)、锻炼(exercise)

"体育活动(physical activity)""运动(sport)""锻炼(exercise)"分别是国外学校体育风险研究关键词频次位于第 1、4、14 位的高频关键词,频次分别为 707、418、244,中介中心性分别为 0.03、0.04、0.03。

体育活动和运动在整体词词频统计中出现的频次较高,说明参与体育活动是诱发体育风险的重要原因,同时运动也是研究的重要切入点和研究要点。该词与研究主题"学校体育风险"是不可分割的。其次,体育运动与提高学生健康水平、降低风险概率之间有重要关联。研究发现,体育运动对有效控制学生肥胖和高血压、血脂异常等相关疾病有重要作用;① 增加体育运动的时间可以降低学生患病

---

① Gondim, Olivia Santos. Benefits of Regular Exercise on Inflammatory and Cardiovascular Risk Markers in Normal Weight, Overweight and Obese Adults[J]. PLOS ONE, 2015(10):1.

的风险;① 经常参加体育运动能有效改善学生的抑郁症状,② 增强学生的体质。另外,随着社会经济发展和生活水平的提高,国外青少年儿童肥胖率呈明显增长趋势,而青少年儿童的肥胖会严重影响其健康和发育,例如引发高血压、糖尿病等。有研究表明,经常进行中高强度的体育运动能够有效降低肥胖风险。③ 因此,如何在发挥运动、体育活动和锻炼作用的同时降低运动、体育活动和锻炼中的风险成为国外学者关注的重心之一。

(二)儿童(children)、高中(high school)、青少年(adolescent)

"儿童(children)""高中(high school)""青少年(adolescent)"分别是国外体育风险研究关键词频次位于第5、6、7位的高频关键词,频次为412、401、324,其中,青少年是国外体育研究的双高关键词。儿童时期的体育活动可直接或间接影响成年后的健康指标,④ 儿童和青少年是学校体育的主要参与人群,也成为国外学者关注学校体育风险防范的重点对象。

(三)预防(prevention)

学校体育活动中的风险虽然不能消除,但是能够采取措施加以有效预防。"预防(prevention)"成为国外学校体育风险研究排名第15位的研究热点词,频次241,中介中心性为0.06。

学生在进行体育锻炼和开展学校体育活动的过程中必然存在着一定程度的体

① Watson Andrew, Post Eric, Biese Kevin, Kliethermes Stephanie, Brooks M. Alison, Bell David. Decreased Physical Activity and Sleep, Not Sport Specialization, Predict Illness in Middle School Athletes[J]. Sports Health, 2020(10): 104-105.

② Karel Frömel PhD, DrSc, Lukáš Jakubec Mgr, Dorota Groffik PhD, František Chmelík PhD, Zbyněk Svozil PhD, Michal Šafár PhD. Physical Activity of Secondary School Adolescents at Risk of Depressive Symptoms[J]. Journal of School Health, 2020, 90(08): 83-86.

③ Richardson AS, North KE, Graff M, et al. Moderate to Vig-orous Physical Activity Interactions with Genetic Variants and Body Mass Index in a Large US Ethnically Diverse Cohort[J]. Pediatr Obes, 2014, 9(02): 35-46.

④ Werneck, A. O., da Silva, D., Fernandes, R., Ronque, E. R. V., Coelho-e-Silva, M., & Cyrino, E. Sport Participation and Metabolic Risk During Adolescent Years: A Structured Equation Model[J]. International Journal of Sports Medicine, 2018, 39(09): 674-681.

育风险，其风险因素可能包括运动设施风险、人身意外伤害风险、环境气候风险等，使得人们不得不对学校体育活动中可能存在的风险诱因进行充分认知和预先排查，进行有效风险评估，以预先做好在体育锻炼过程中可能出现偏离主观预期和客观规律的有效的风险应对措施。同时，运动伤害会对学生身心造成难以弥补的损伤，当学生在做体育运动时，有效地采取科学的预防措施能够大大降低风险事件发生的概率，如在体育活动之前教师强调规则、充分热身、禁止危险的运动行为、采取佩戴必要的运动护具等预防措施。充分做好体育风险认知，建立体育风险预防和应急预案，可以大大减少运动过程中的体育伤害事故和运动损伤。

（四）流行病学（epidemiology）、创伤性脑损伤（traumatic brain injury）、患病率（prevalence）

"流行病学（epidemiology）""创伤性脑损伤（traumatic brain injury）""患病率（prevalence）"在国外学校体育风险热点关键词中分别位于第 8、9、10 位，频次分别为 320、288、280。其中，流行病学是国外体育研究中的双高频关键词。

流行病学分为描述性流行病学和分析性流行病学，描述性流行病学是根据受伤人员、受伤发生的地点和时间以及受伤的结果对受伤发生的数量（多少）进行量化研究，而分析性流行病学是解释伤害发生的原因和方式以及确定控制和预防的策略。[1] 研究发现，学校体育活动中不同运动项目、不同性别以及不同体质的学生患病率都不相同。研究人员可通过静息心电图、问卷调查等来调查学生某种疾病的患病率。

国外研究显示，发生创伤性脑损伤的风险在体育课中比在体育运动中要高，应广泛跟踪创伤性脑损伤，监测其累计发病率，[2] 正因为此，创伤性脑损伤也成为国外学者研究的热点关键词之一。创伤性脑损伤是指暴力因素作用于头部，造成脑组织器质性损伤的现象。研究表明，经常进行有身体接触的运动（如足球、

---

① Duncan D. F. Epidemiology: Basis for Disease Prevention and Health Promotion[M]. New York: MacMillan, 1988: 159.

② Campbell, R. A., Gorman, S. A., Thoma, R. J. et al. Risk of Concussion During Sports Versus Physical Education Among New Mexico Middle and High School Students[J]. American Journal of Public Health, 2018, 108(01): 93-95.

篮球)以及多次参加比赛的学生(尤其是男生)患有创伤性脑损伤的概率会比较高。[①] 此外, 学生在运动的过程中还面临着脑外伤等风险, 如在进行羽毛球运动时球拍脱手砸伤对方头部等, 脑外伤等患病率也受到国外学者的密切关注。

(五)风险因素(risk factor)、风险(risk)、伤害(injury)

"风险因素(risk factor)""风险(risk)"是国外学校体育风险研究的高频关键词, 风险与研究主题的关联度很高, 与主题联系十分紧密, 是国外学校体育风险研究的重点和热点。风险因素是指可能会增加受伤风险的因素。在有关学校体育风险研究的主题中, 风险的发生概率会随着年龄、性别、体重、运动项目、项目特点等因素而有所变化。

"伤害(injury)"是国外学校体育风险研究排名第 13 位的关键词, 频次为 253, 中介中心性为 0.06。其中, 与伤害相关的关键词, 如创伤性脑损伤、口腔受伤、面部受伤等, 是学校体育中较为常见的运动伤害; 体育活动、心血管疾病、呼吸道疾病、运动行为等关键词是学校开展体育运动的风险因素, 而这些风险因素都极有可能导致运动伤害的发生。

(六)健康(health)

健康(health)是国外体育风险研究的双高关键词, 在国外学校体育风险研究排名第 11, 频次为 267, 中介中心性为 0.03。体育的根本目的是促进学生健康, 增强学生体质, 然而, 学校体育活动中的体育风险又在威胁着参与者的身体以及心理健康。如何保障学校体育安全, 促进学生身心健康成为国外学者的核心关注点。

二、国外研究热点聚类分析

聚类分析法是以共词出现的频率为分析对象, 利用聚类统计学的方法, 把众

---

① Jill Daugherty MPH, PhD, Dana Waltzman PhD, Katherine P. Snedaker LCSW, Jason Bouton MS ATC CSCS PES CMS, Xinjian Zhang PhD, David Wang MD MS. Concussion Experiences in New England Private Preparatory High School Students Who Played Sports or Recreational Activities [J]. Journal of School Health, 2020, 90(07): 151-157.

多分析对象之间错综复杂的共词网状关系简化为数目相对较少的若干类群之间的关系并直观地表示出来聚类的过程。运行 CiteSpace V，在对外文文献热点研究关键词可视化图谱分析的基础上，对热点关键词进行聚类分析，以研究国外学校体育风险研究的核心领域。对上述关键词进行聚类分析得到 Modularity Q＝0.7719，Mean Silhouette＝0.9298，聚类合理。具体聚类结果如图 2-3 所示。

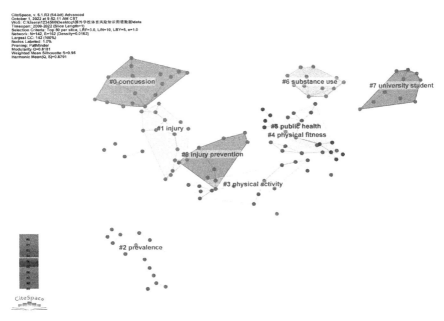

图 2-3　国外学校体育风险关键词聚类可视化图谱

由图 2-3 分析可见，本关键词聚类共有 9 类，分别为#0 脑震荡、#1 损伤、#2患病率、#3 体育活动、#4 身体健康、#5 公共卫生、#6 物质使用障碍、#7大学生、#8 伤害预防。通过对以上聚类族首词的整理与归类，结果如表 2-2 所示。

表 2-2　　　　　　　国外学校体育风险关键词聚类族首词

聚　类　标　签	族　首　词
#0 脑震荡	高中、足球/橄榄球、课外活动
#1 损伤	公共卫生、伤害、对照试验

聚类标签	族首词
#2 患病率	运动行为、心脏代谢风险、风险因素
#3 体育活动	肥胖、身体健康、青年
#4 身体健康	锻炼、预防、风险
#5 公共卫生	美国大学、冠状动脉疾病、增重
#6 物质使用障碍	生活质量、社会经济地位、疼痛
#7 大学生	行为、教育、高校学生
#8 伤害预防	青少年体育、肥胖症、足球

表 2-2 摘录了在该聚类中具有代表性的族首词，这些族首词相互联系，代表某聚类的具体内容。

（一）学校体育活动（#3 体育活动、#4 身体健康）

进行体育活动的主要场所是学校。国外学校体育活动中具有代表性的族首词包括了心血管疾病、运动医学、肥胖、身体健康、体成分，说明国外学者在国外学校体育风险研究中重点关注学生的健康成长和健康运动。一方面，心血管疾病、肥胖等为学校体育活动的开展带来风险，另一方面，科学合理的体育活动又能增强学生体质，促进学生身心健康。此外，体育锻炼能够帮助改善学生睡眠和饮食失调等现象，有效地促进学生的身心健康发展。

（二）学校体育风险应对与防控（#1 损伤、#8 伤害预防）

聚类#2 损伤、#8 伤害预防是国外学校体育风险应对与防控的重要手段，其中，伤害预防重点聚焦在青少年体育的运动伤害，而足球成为国外研究风险应对与防控中最受关注的运动项目。由于足球项目是高速而激烈的运动，运动员在足球场上运动速度较快，容易发生摩擦和碰撞，也容易出现碰撞对手、场地的情况，而引发体育伤害事故。

面对学校体育风险，教师可以采取运动前热身、控制运动负荷等方法降低风险；学校医疗组可对学生进行强制性心电图检查确保合理的运动负荷，安排综合神经肌肉训练来增强身体素质，医疗组还要确定危险因素，运用运动医学康复等知识对学生进行医务监督和指导以规避运动伤害；学校及学生可通过购买保险的形式实现风险转移。研究表明，体育运动风险的防控不仅仅在于医生，学校管理人员、体育教师、教练员、运动员和学生等都应该具备体育运动风险预防的知识和手段。[①] 因此，在运动中对学生进行安全教育和安全知识普及，适当地增加安全实践活动，比如心肺复苏的学习和实操等，至关重要。

(三)学校体育风险识别(#0 脑震荡、#2 患病率)

脑震荡的发生可能会导致一系列连锁反应，如头痛、情绪化、注意力不集中和睡眠障碍等，甚至可能在未来成为青少年儿童身心健康发展的负担。国外青少年儿童从小进行足球运动学习，多开展激烈的课外体育活动，这也加大了青少年患脑震荡的概率。另外，在运动期间吸食毒品也会导致大脑功能紊乱、易冲动和控制力变差，甚至造成永久性的脑损伤。

研究显示，风险识别是风险管理的基础，科学有效的风险识别能够帮助降低运动伤害事故的发生率。本聚类包含了指标体系中人员因素、环境因素，从学生主体和外在环境出发，识别其存在的安全隐患并分析各风险因素所引起的风险事故的潜在原因。例如，青少年身体发育不平衡、肢体不对称可能是增加受伤风险的因素；烈日下进行户外运动可能会导致晒伤、中暑等风险；长期进行对抗性运动的青少年儿童有韧带损伤、患脑震荡的风险；通过对学生进行身体检查可以预测该学生在运动中可能会面临由学生自身产生的风险威胁，如体重指数超标、存在心血管疾病等。另外，学生在运动中出现危险行为或进行剧烈运动，可能会给学生带来脑震荡、脑外伤等不良影响。风险事件一旦发生，学生将遭受不同程度的损失和负面影响，某些损失甚至是难以挽回的。

(四)学校体育风险主体(#7 大学生)

大学生作为学校体育风险的主体之一，会受到体育伤害风险的威胁。对于大

---

① Gurdogan, M., Gurdogan, E. P., Ozkan, U., Kurt, C. What Do College of Sports Students Think About Sudden Cardiac Death Athletes? [J]. Acta Medica Mediterranea, 2019, 35 (04): 1759-1765.

学生的一些不良习惯如酒后运动等，会加重大学生的运动负担，致使学生在运动的过程中出现抽筋、疲劳、晕厥等不良反应，甚至发生猝死事件。运动员基本上以大学生为主，由于长期从事体育训练，其体育伤害的发病率明显高于普通学生，如腰痛、扭伤等，而且学校运动队多以培养体操、足篮排、乒羽、田径等项目为主，在训练过程中稍有不慎则会有受伤的风险，另外，运动员竞技要求高，在训练时往往会出现二次发病、重复发病等现象。这就要求学校应重视学生的安全教育工作，并定期开展体格检查来尽可能地规避学生的体育风险。此外，学校体育风险的主体还包括儿童、青少年、教师、管理人员、医疗人员等其他人员。

（五）美国高中体育风险

有研究证明，20 年里统计的美国高中和大学案例中，105 例心脏骤停死亡的案例有 92 例发生在高中；在 43 例劳累型中暑中有 35 例发生在高中；在 22 例急性肾细胞癌死亡案例中有 10 例发生在高中，[1] 可见美国高中运动伤害事故发生的概率最大，因此，美国高中体育风险成为国外专家学者着重关注和研究的重要阵地。影响运动风险发生的主要因素包括个体内在因素、外部环境以及运动项目本身风险因素。在聚类中，高中生的体育风险因素包括体型、身体素质、心血管风险、有氧健身、跌倒、死亡、特定年龄的运动能力阈值等。其中，体型、身体素质、心血管风险、运动能力是个体因素，除此之外，高中生的运动经验不充足也会导致运动风险加剧。就运动项目而言，不同的运动项目所造成的运动伤害是不同的，例如体操、柔道、手球和排球被列为导致腰痛、腰伤的高风险运动，其次是篮球和田径；[2] 足球和橄榄球运动员是非创伤性死亡人数最多的一个运动群体，死亡原因多为心脏骤停或哮喘。致使高中生在运动过程中受伤有多种因素，除了个体因素和运动项目本身之外，还可能包含场地器材风险、天气条件风

---

① Boden, B. P., Fine, K. M., Breit, I., Lentz, W., Anderson, S. A. Nontraumatic Exertional Fatalities in Football Players, Part 1: Epidemiology and Effectiveness of National Collegiate Athletic Association Bylaws[J]. Orthopaedic Journal of Sports Medicine, 2020, 8(08): 100-123.

② Triki, M., Koubaa, A., Masmoudi, L., Fellmann, N., Tabka, Z. Prevalence and Risk Factors of Low Back Pain Among Undergraduate Students of a Sports and Physical Education Institute in Tunisia[J]. Libyan Journal of Medicine, 2015, 10(01): 26802.

险等。

三、我国研究热点关键词分析

运行 CiteSpace V，选择时区为 1998—2022 年，Time Slicing 值为 2，Node Types 选择节点为 Keywords，阈值项选择"Top N per slice"，选择每个时区前 50 个高频出现的节点，形成我国学校体育风险研究关键词可视化图谱（见图 2-4），并分析出其关键词频次及中介中心性（见表 2-4）。

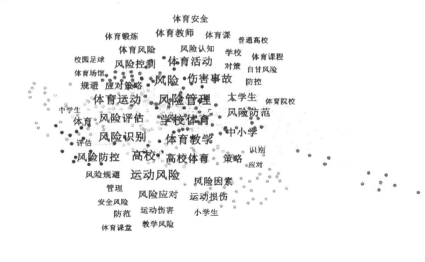

图 2-4 我国学校体育风险研究关键词可视化图谱

表 2-3 我国体育风险研究关键词频次及其中介中心性（前 10 位）

关键词	频次	中介中心性
风险管理	87	0.89
学校体育	57	0.6
高校	47	0.38

续表

关键词	频次	中介中心性
风险识别	40	0.08
风险	39	0.05
运动风险	38	0.11
体育教学	37	0.19
风险评估	36	0.29
伤害事故	31	0.26
体育活动	28	0.27

通过分析我国学校体育风险文献关键词出现频次以及中介中心性可以更直观地了解我国学校体育风险研究热点。结合我国学校体育风险关键词可视化图谱和关键词出现频次和中介中心性表格可以看出，我国学校体育风险研究热点主要集中在风险管理、学校体育、高校、风险识别、风险、运动风险、体育教学等方面。

(一)风险管理

"风险管理"为频次和中介中心性第一的高频词。其高频高中介中心性表明在我国学校体育风险研究中风险管理始终是诸多学者研究的重点和关注领域，是我国学校体育风险研究领域中的热点之一。学校体育风险管理的本质是对学校体育活动中存在的风险因素进行识别，其管理目标旨在实现对学校体育活动中风险致因的有效控制，从而最大限度地避免或者降低学校体育风险事件的发生，风险管理实施主要由风险识别、风险评估、风险应对、风险管理效果评价四个核心步骤组成。[①] 其中，"风险识别"和"风险评估"分别处于第四、第八高频词汇，风险识别和风险评估的高频次也表明在学校体育风险管理领域中风险识别和风险评估始终是我国学校体育风险管理的研究热点，同时全面、科学地识别风险和精准地

---

① 寇健忠. 体育风险管理研究导论[J]. 咸宁学院学报，2010，30(09)：126-127.

评估风险也是制定有效、合理的风险应对措施的基础。

(二)学校体育

"学校体育"是频次和中介中心词为第二的超高频词汇，其高频高中介中心性表明检索文献结果与本次研究主题高度切合。学校体育是以增强学生体质、传递体育文化为目的的教育过程。[①] 学校体育不仅仅是指学校体育课程，还包括课外体育训练、课外体育活动、学生体育竞赛等。体育活动是学生参与学校体育最基本的形式，因此，"体育活动"处于频次第十，中介中心性第五的高频位置，其高频次表明在学校体育风险管理中体育活动是诸多学者关注的研究热点之一，而第五的中介中心性则表明我国学者从体育活动的角度对学校体育风险进行了深入的研究和探讨。"高校"是频次和中介中心词为第三的高频词。说明在我国学校体育风险研究中高校的体育风险研究成为我国学者重点关注的领域。

(三)风险

风险是频次第五、中介中心性为第十的高频词语。双高特性显示了"风险"在学校体育风险研究中的主体地位。"运动风险"是频次为第六、中心性为第八的高频词语。风险与运动风险指的是在学校体育中学生参与体育活动中存在的风险因素。风险事件、学校体育教学工作中的运动风险是学校体育风险管理的主要研究对象，学校体育风险管理的最终目的是避免和降低由于风险因素所导致的体育伤害事故。

四、我国研究热点聚类分析

采用关键词共现的聚类方法，在以上关键词分析的基础上研究我国学校体育风险关键词共现聚类，以深入了解我国学校体育风险研究的不同领域。聚类结果见图 2-5。

---

① 周登嵩. 学校体育学[M]. 北京：人民体育出版社，2004：432.

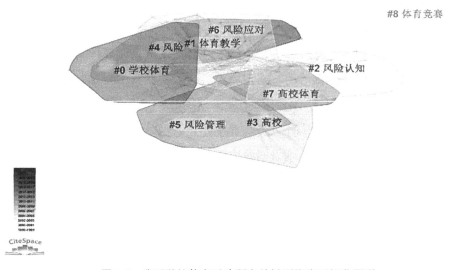

图 2-5　我国学校体育风险研究关键词聚类可视化图谱

通过对关键词聚类，获得 Q 值为 0.436 和 S 值为 0.7789 的关键词可视化图谱，通过对 Q 值和 S 值的检验，确认我国学校体育风险关键词聚类是高效合理的。可视化图谱中共分为 9 个聚类，分别为#0 学校体育、#1 体育教学、#2 风险认知、#3 高校、#4 风险、#5 风险管理、#6 风险应对、#7 高校体育、#8 体育竞赛。通过对相关文献的整理与分析，发现我国学校体育风险研究主要集中于以下几个方面：

(一)高校体育风险管理(聚类#1 高校、#5 高校体育场馆、#6 大学生)

聚类#1 高校和#6 大学生主要聚焦于我国高校体育活动，包括体育教学风险管理、体育活动风险管理、大学生猝死、大学生风险认知和体育社团等方面的研究。

随着我国体育教学改革的不断深入，大学生体质问题成为社会关注的热点，而体育活动的开展往往伴随体育伤害事故的发生，甚至会发生猝死事件。而体育伤害事故的出现，甚至是猝死事件的发生，给高校体育教学和体育活动的开展带来了负面影响，高校体育活动如何安全高质量地开展成为困扰高校体育教师的难题，由此也引发了诸多专家对高校体育风险预防的相关研究。针对高校体育教学管理，学者提出应当加强高校体育教学中的风险管理，明确风险管理环节中的风险识别、评估及应对三方面的内容，以及学校体育风险管理工作各个阶段的功能与作用，从而达到高校体育教学工作预防风险的目的。① 高校体育工作应加强培养学生的运动安全意识，加强学校体育资金投入，提高场地器材运动的安全性，降低运动风险事件的发生。

与此同时，大学生猝死事件成为高校体育活动中的重点防控对象，运动猝死事件的发生相较于其他运动风险事件来说相对概率较小，但其突发性、危害性和原因复杂性远大于其他体育伤害事件，给社会、学校和家庭带来的损失往往是不可挽回的。有学者指出大学生对运动猝死的认知存在严重不足。② 高校体育活动相较于中小学体育活动而言更具有不可预测性，高校学生在身体素质和生活习惯等方面存在差异，因此构建高校体育风险预警系统对高校体育活动预防体育伤害事故、预防学生运动猝死有着至关重要的作用。针对运动猝死带来的危害，重视和预防运动猝死事故的发生是高校体育风险管理研究的重点内容。

此外，近年来高校体育场馆风险管理也成为学者研究的热点。随着国家体育事业的发展和全民健身、健康中国战略的推进，高校所拥有的丰富体育场馆资源逐渐被关注，③ 尤其是近年来，高校大型体育场馆开始承办全国性，甚至国际性的大型体育赛事，如武汉市诸多高校承办的第七届世界军人运动会，在赛事举办过程中多个高校承办了不同体育项目比赛。利用高校丰富的体育场地资源无疑能够极大地缩减赛事场地建设的投入，但高校体育场馆中也存在着安全防卫措施和场馆风险管理实力相对较弱等问题，因此，如何提升高校体育场馆风险管理能力

① 安磊，黄金萍．高校体育教学中风险管理与对策研究——以哈尔滨理工大学为例[J]．哈尔滨体育学院学报，2012，30(05)：107-111.

② 谢庆芝，邱祖建．大学生运动猝死调查与风险预警研究[J]．武汉体育学院学报，2013，47(02)：93-97.

③ 韩颖，李志平，杨佳宁．高校承办大型体育赛事风险评估研究——以承办赛事的天津市高校为例[J]．广州体育学院学报，2015，35(02)：12-16.

引发了学者的探索。

（二）体育风险管理理论研究（#2 风险认知、#4 风险、#5 风险管理、#6 风险应对）

聚类#2 风险认知、#4 风险、#5 风险管理、#6 风险应对是学者探讨如何运用风险管理知识预防学校体育事故和减少体育伤害损失的重要手段。我国现有的体育风险管理基础理论研究中，国内外体育风险理论研究仍有较大差异，我国体育风险管理研究主要集中在体育风险管理的法律问题、体育风险管理的医学问题、体育活动过程中的残疾人风险管理问题、体育领域中的性骚扰问题等方面。① 相较于国外体育风险管理研究我国体育风险研究更具有本国特色，涉及领域呈现多学科交叉的特点。

体育风险认知、风险应对是体育风险管理的目的和意义所在，而学校体育风险认知和风险应对的最终目的不仅是规避风险和转移风险，更是为了实现学校体育目标，提高学生的健康水平，提供良好的运动环境，同时为体育教师开展高质量的体育教学活动而服务。② 风险管理中，全面识别、精准评估、有效应对、实时监控是我国学校体育课风险管理的四个重要步骤。风险认知是对我国学校体育中学生风险意识、危机意识的研究，加强对学生安全意识的培养成为各位专家学者的共识。学生在不同阶段不同时期，大脑、骨骼生长和身体机能发育水平存在显著差异，其运动能力、认知水平和对外界危险感应能力也具有明显的年龄阶段差异，制定不同学校等级的风险管理指标体系成为我国学校体育课风险管理的研究趋势。精准评估则是在风险识别的基础上为实现对风险事件的有效防范，对已识别的风险源运用概率论或数理统计的方法对风险可能发生的概率和损失程度进行评估和计算的过程，其主要目的是为选择有效的风险应对方法并及时、正确地为风险管理决策提供依据。③ 风险评估的具体内容包括每一风险因素最终转化为

① 张大超，李敏．国外体育风险管理体系的理论研究[J]．体育科学，2009，29（07）：43-54.

② 郑柏香，白凤瑞，邹红，谢忠萍．学校体育风险管理中的几个理论问题探讨[J]．体育与科学，2009，30（06）：90-92.

③ 田旻露，魏勇．简论学校体育伤害事故的风险[J]．首都体育学院学报，2008（05）：35-37，52.

致损事故的概率和损失分布、单一风险的损失程度、若干关联的风险导致同一风险单位损失的概率和损失程度和所有风险单位的损失期望值和标准差。① 风险评估在学校体育风险管理系统中发挥着关键作用，重视风险评估，准确评估风险事件发生的可能性，建立全面准确的风险指标是学校体育风险管理过程中的必然要求，是为学校提供准确的管理决策依据的重要程序，而有效的风险防控正是在全面、科学的风险识别和风险评估的基础上提出的。

综上所述，国内外学者尽管对学校体育风险管理研究热点有所不同，但都有基本的共识。学校体育风险管理是规划、管理和控制学校体育组织或体育机构的资源，以使由于学校体育活动对他人、社团实体等主体造成的伤害和损失降到最低的过程。而且，学者普遍认为体育领域的风险是可以被管理的。

虽然国内外国情和学情不一致，但有关学校体育风险分类的结论基本一致，部分国外学者对其的分类更具体和细化。学校体育风险按照领域的不同被分为体育课、体育竞赛、课余训练、社团活动和校外活动等；② 依据影响因素的不同，学校体育风险被分为体育自然风险、体育社会风险、体育经济风险、体育政治风险、体育法律风险、体育伦理风险；依据可能造成的伤害或责任的不同，学校体育风险被分为体育人身意外伤害风险、体育责任损失风险、体育财产风险、体育知识产权风险、体育环境风险、体育管理责任风险；③ 依据责任主体的不同，学校体育风险被分为学校责任风险、学生责任风险、其他相关人员责任风险、混合型责任风险。④ 部分国外学者将其分类更加细化和具体，将其分为流血感受、心脏骤停、学生保护问题、发热性疾病、雷电、安全问题、中暑、游泳、设备、药物滥用、紧急医疗行动计划外伤以及交通事故和伤害等风险。⑤

国内外学者在研究学校体育风险管理过程时引入了风险管理的基本过程和步

① 范道津，陈伟珂. 风险管理理论与工具[M]. 天津：天津大学出版社，2010：69.

② 高进，石岩. 学校体育活动伤害事故的致因来源与防范策略[J]. 教育理论与实践，2008，28(36)：56-58.

③ 张大超，易春燕. 我国大型体育场(馆)运营过程中的风险管理研究[J]. 中国体育科技，2005(06)：17-21.

④ 韩勇. 体育活动中安全保障义务的判断标准[J]. 体育学刊，2009，16(12)：16-22.

⑤ Spengler, J. O., Connaughton, D. P., and Pittman, A. T. Risk Management in Sport and Recreation[M]. US：Human Kinetics, 2006：101.

骤。学者对学校体育风险管理基本环节进行了划分,尽管分类不一,但内容主要包含三大核心环节:风险识别、风险评估以及风险处理和防范。学者一致认为风险认知是风险评估和风险应对的前提;风险评估应考虑其可能性和危险性;风险应对应当在风险识别和风险评估的基础上提出实施路径。国内外学者结合上述研究结果对学校体育风险管理提出了建议和策略,从政策、法学、心理学、经济学和社会学等多方面提出了操作措施。

在学校体育风险管理的研究方法上,国外学者多结合具体的分类进行针对性研究;国内大多数学者的研究多为定性分析,主要采用调查问卷法和访谈法进行数理统计,仅有少数学者运用事故树分析等风险管理专用方法分析事故原因和风险评估。由于研究方法的局限,所得结果多为思辨结果,缺乏实际数据的支撑,也缺少可供借鉴的模型的构建。

由上可见,国内已有研究对学校体育风险管理进行了探索并取得了一定的成果,但现有研究仍有不足之处。研究内容上,现有研究更多地关注学校体育人身伤害事故的风险管理而忽略了风险管理本身的多类型性和多主体性,缺乏对风险管理中政府、学校、教师、学生、社会等多主体以及体育课、体育竞赛、课余训练、课外体育活动等多方面的综合性、系统性研究;宏观研究较多,而细分具体风险类型并在此基础上提出切实可行的操作措施的文章较少;研究方法上,多为经验性、描述性的定性分析,而运用科学的实证方法进行定量分析和建模的较少,研究缺乏数据和实证支撑。因此,研究试图将定量分析与定性分析相结合,在深入剖析、识别和评估学校体育风险的基础上,从多主体和多维度提出切实可行的学校体育风险防范措施,以期为学校体育风险防范提供理论支撑和实践指导。

第三章 理 论 基 础

第一节 全面风险管理理论

由前可知，风险管理是管理层根据决策的需要，对影响战略目标实现的不确定因素进行识别、评析，实施风险规避、风险控制、风险转移、风险保留等战略，把风险程度降低到可接受水平的系统管理过程。风险管理(Risk management)萌芽于 20 世纪 30 年代，当时正逢经济大萧条时期的美国企业为了应对经济危机开始探寻设立保险管理部门，试图通过保险手段降低公司风险。之后，美国宾夕法尼亚大学所罗门·许布纳(S. S. Hueber)在美国管理协会发起的一次保险会议上正式提出了风险管理的概念。① 传统风险管理之初，事后补救是风险管理的核心，公司通过购买保险实现风险转移，此时的风险转移虽然在一定程度上缓解了经济危机对公司的影响，但其效果仍存在一定的局限性。

1963 年，Mehr 和 Hedges 出版的《企业风险管理》以及 1964 年 C. A. Williams 和 Richard M. Heins 出版的《风险管理与保险》标志着风险管理作为一门学科出现。之后，风险管理理论逐步完善，形成了较为科学的风险管理体系。C. A. Williams 和 Richard M. Heins 提出"风险管理是通过对风险的识别、衡量和控制从而以最小的成本使风险所致损失达到最低程度的管理方法"②。此阶段，学者也开始探究

---

① 刘红. 高校体育风险管理研究[M]. 北京：北京体育大学出版社，2012：41.
② 于施洋，杨道玲，王璟璇. 基于大数据的"一带一路"国际合作风险评估与应对[M]. 北京：社会科学文献出版社，2019：63.

如何通过风险全链条控制，实现最大限度且最小成本、最有效的风险防范。作为一门新兴的管理科学，国外风险管理从 20 世纪 60 年代发展至今，在企业、保险业等各行业得到了成功运用。我国的风险管理研究和实践起步较晚，20 世纪 80 年代逐步引入国外风险管理思想并在现代项目管理、保险业、金融业等行业中得以运用。

20 世纪 90 年代，国外在传统风险管理理论的基础上提出了全面风险管理理论。其中，Integrated Risk Management(Kent D. Miller)概念的提出标志着全面风险管理的产生。詹姆斯·林在《企业全面管理风险——从激励到控制》一书中对企业全面风险管理进行了阐述。之后，有更多学者和机构对其进行了深入研究。至 21 世纪，已形成了相对完整的风险管理理念、框架以及全面风险管理模型。21 世纪早期，我国在银行业提出全面风险管理理论并付诸实践，学者也从该时期开始对其理论和实践进行研究。

全面风险管理理论(Enterprise Risk Management，简称为 ERM)是基于风险管理理论演变而来的现代风险管理的最新理论成果，是近年来国际风险管理领域最前沿的思想之一，它是一种全方位、全新思维的风险管理方式。其中，美国 COSO(Committee of Sponsoring Organizations of the Treadway Commission)和 BCBS 提出的全面风险管理框架被广泛采纳。COSO 委员会提出"全面风险管理是一个过程，受董事会、管理层和其他人员的影响。这个过程从企业战略制定一直贯穿到企业的各项活动中，用于识别那些可能影响企业的潜在事件并管理风险，使之在企业的风险偏好之内，合理确保企业取得既定的目标"[1]。全面风险管理框架更强调全员风险管理，实现全体员工对风险管理的参与；全程风险管理对业务的授权、执行、监督检查的全过程实行风险控制，将风险管理渗透到业务的每一个操作过程；全方位风险管理要覆盖各个方面面临的风险。[2][3] 全面风险管理在传统风险管理理论的基础上更强调风险管理的全主体和全过程。

全面风险管理模型有三个维度框架。第一个维度是力求实现四种类型的目

---

① 王农跃. 企业全面风险管理体系构建研究[D]. 河北工业大学，2008：19.

② 朱忠明. 银行外贸信贷中的风险与对策[J]. 金融科学，1991(04)：43-47.

③ 张淑艳. 中国金融风险管理制度的问题及对策[J]. 金融与经济，2010(04)：21-22，65.

标：战略目标，它要求与公司发展战略高度一致，是全面风险管理框架下的最高层次目标；经营目标，要求公司能够在最小损耗中最大效益地运用公司的资源；报告目标，要求公司财务报告等相关报告能够精准可靠地报告公司的运营状况；合规目标，要求公司行为符合法律法规要求。风险管理框架仅仅是公司风险管理程序中的一个理论框架，在实际运用过程中还需制定对应的内部控制手册和运用风险控制工具来实现全面的风险管理。第二个维度则是 8 个相互关联的构成要素，其贯穿了管理的全过程，包括风险管理目标、要素和执行层次的构架，具体包括内部环境、目标设定、风险识别、风险评估、风险应对、控制活动、信息与沟通、监督。这 8 个要素也是全面风险管理的流程，8 个要素是一个动态的循环过程，也是全面风险管理的核心和关键。第三个维度框架是企业的各个层级，包括整个企业、各职能部门、各条业务线及下属各子公司。全面风险管理的三个维度关系所指的是在风险管理框架下 8 个构成要素其本质是为四个顶层目标服务，企业的各个层次、职能部门等其本质也是为四个顶层目标服务，而各个层次、职能部门也必须从八个方面执行企业的风险管理计划。①

与传统风险管理理论相比，全面风险管理理论更注重其广泛性、全面性、多样性和全员性。目前，全面风险管理理论已被广泛应用于很多领域，并对指导实践起着显著的成效和作用。但至今，还较少有学者将全面风险管理理论和框架系统运用到学校体育风险管理理论和实践中。

第二节　事故致因理论

事故致因理论是用来阐明风险事故成因、引发事件发生的初始原因，揭示事故本质的理论，其目的旨在预防和防止同类事故的再次发生。② 事故致因理论有一百多年的研究历史，从最早的单因素理论发展到多因素理论和系统因素理论，形成了较为成熟的理论体系，是安全科学领域的重要指导理论。事故致因理论主要包括因果连锁理论、事故频发倾向论、综合原因论。

---

① 王农跃. 企业全面风险管理体系构建研究[D]. 河北工业大学，2008：22.
② 许娜. 系统论事故致因理论及其应用[J]. 价值工程，2018，37(33)：208-209.

一、因果连锁理论

因果连锁理论最早是美国的海因里希在《工业事故预防》一书中提到的，海因里希认为风险事故发生的原因在于人的不安全行为或"物"的一种不安全状态。人的不安全行为或"物"的不安全状态主要是由人的缺点造成的，而人的缺点主要是由所处的不良环境所诱发或是先天自身遗传因素所导致的。① 海因里希将事件或事故的发生重点归结于人的失误，具有时代的局限性。博德（Frank Bird）在海因里希事故因果连锁理论的基础上，提出了现代事故因果连锁理论，其认为事故因果连锁理论中最重要的因素是管理，尽管人的不安全行为和物的不安全状态是导致事故发生的重要原因，但是其根本原因在于对人的管理和对物的管理。

二、事故频发倾向论

事故频发倾向是指具有容易发生事故、稳定的、个人的内在倾向。1919 年英国的格林伍德和伍兹对工厂发生的事故进行统计分析时发现工厂中存在着事故频发倾向者，直至 1939 年法默和查姆勃明确提出了事故频发倾向论的概念，并认为事故频发倾向者的存在是导致工业事故发生的主要原因。通过对以往案例的剖析和问卷调查的分析结果发现，学校体育风险事件也具有事故频发倾向。

三、综合原因论

综合原因论认为事故的发生是由多重原因造成的，既不是单一的因素，也不是个人偶然失误或单纯设备故障造成的，而是各种因素综合作用起来的结果。综合原因论不仅揭示了事故是由多因素共同作用的结果以及事故的发展过程，而且较为详细地分析了各致因要素所包含的内容，从而使人们更加全面、深刻地认识到事故的构成因素。事件的发生包含直接原因、间接原因和基础原因。通过对以往发生的案例进行原因分析发现，学校体育风险事件是由多种原因共同作用的结果，因此在剖析风险源时需进行综合全面的考虑。

---

① 李杰，陈伟炯. 海因里希安全理论的学术影响分析［J］. 中国安全科学学报，2017，27（09）：1-7.

综上可看出，根据因果连锁理论，人的不安全行为、物的不安全状态以及管理因素是引发事故的重要原因；根据事故频发倾向论，事故的发生存在着事故频发倾向者，应探究事故频发倾向性及其影响因子；根据综合原因论，风险事件的发生是多种因素综合作用的结果，必须综合分析事故的致因。事故致因理论不仅为本书中风险因素的识别提供了理论基础和依据，还为风险识别的实际应用以及为学校制定科学、有效的风险防范措施奠定了基础。

第三节 学校体育全面风险管理分析框架

如果说 COSO 框架是一个通用指南，那么在学校体育中的应用是将指南具体化，也就是借鉴全面风险管理的理论和方法，结合学校体育的实际，找到阻碍学校体育的风险和因素，建立学校体育风险管理框架模型，提出应对风险的解决措施，保证学校体育工作的正常开展。学校体育全面风险管理不仅是一个复杂的系统工程，更是一个改进、完善的过程，该过程从学校体育活动计划的制定一直贯穿到学校体育教学活动与组织锻炼，通过识别和评估可能给学校和学生造成损失的潜在事件，并能够通过有效的应对和控制措施防止或减少损失的发生，从而为学校体育教学活动、学生自主锻炼等有关学校体育的活动提供保障，保障学校体育活动的正常开展和进行，以达到提升学生身体素质和维护学校开展正常有序的体育教学活动的目的。

一、学校体育全面风险管理目标

全面风险管理的第一个维度是确定各种类型的目标。风险管理的目标确定是制定风险管理框架的出发点。风险管理目标和风险要求紧密联系，决定着一个单位或组织在活动中对风险的容忍度。风险管理部门在识别风险、管理风险之前，需要有明确的目标。

(一) 整体目标

学校体育风险管理的目标通常包括总目标和具体目标。整体目标是指总体上单位或组织应达到什么样的风险管理水平，学校体育风险管理的整体目标是在学生体育活动中，科学合理地管控学校体育风险因子，实现学生参与体育活动的风险最小化，从而保证学校体育活动的正常进行，实现学校体育的功能。学校体育风险管理的整体目标和学校体育目标是紧密相关的，学校体育的目标是促进学生体质健康、身心发展，培养学生的体育运动兴趣、掌握一定的运动技能，养成运动习惯，学校体育风险管理的整体目标则不仅是降低、规避或转移风险，更是为了提供安全良好的学校体育环境，为保障高质量的体育教学活动和推动学生身心健康而服务。

(二)具体目标

具体目标是学校全面风险管理总体目标的具体与细化。结合学校体育管理的实际，学校体育风险管理的具体目标可以分解为：从风险事件结果来看，最大限度地减少学生体育伤害事故发生的可能性，尽量减缓体育伤害事故的损害程度；从风险意识着手，全面提升政府、学校管理者、教师、学生与家长等的风险意识；从风险识别来看，科学准确识别潜在风险，明晰各阶段风险源；从风险应对来看，对于可能发生的风险事件预先管理，对于已经发生的意外事故科学、及时、合理地处理，将影响降低至最低程度。

(三)阶段目标

阶段目标是整体目标和具体目标的进一步细化和阶段化。学校体育风险管理的阶段目标划分为三个阶段：实施之前、实施过程中和意外事故发生后。每个阶段目标都不尽相同，在实施之前，应启动预防机制，减少风险事件发生的可能性；在实施过程中，应采取防范机制，阻止不合理的损失和伤害；意外事故发生后，启动应急机制，科学合理应对，减少损失。

学校风险管理的阶段性目标与风险形成的阶段是相对应的。从客观存在的风险至最终伤害事故的发生也可分为三个阶段，风险潜藏阶段、风险演化阶段和风险形成阶段。在风险潜藏阶段，应实施预防机制，减少或避免风险隐患暴露及其发生的可能性，如在学校体育活动开展之前，定期检查清理场地和相关器材设施，确保医护设施和配备药品齐全有效，加大教育培训和宣传，提高各主体安全意识，组织学生购买意外伤害保险，制定应急预案，加强监督监控等，以降低风险发生的可能性。在风险演化阶段，应实施防范机制，严格控制，避免事故的发生和造成不合理的损失及伤害。在学校体育风险管理过程中，各主体应清楚了解活动中潜在的风险因子，同时提升自身风险认知和防范能力，有效地防范风险隐患演化的可能性。在风险形成阶段，应启动应急机制，及时合理地应对以减少损失。传统风险管理理论认为，风险管理不能避免事故的发生则意味着风险管理的失败。而现代风险管理理论对此有了更深入的认知，意外事故发生后的合理应对也是风险管理的重要内容，如发生风险事故后，及时送医，把握黄金救助时间，尽可能减少伤害；采取合理的法律救助等措施，减少后续不良影响；对有安全隐患的设施设备及时停止使用并检修，减少事故再次发生的可能性；及时开展疏导和教育，提高各主体安全防范意识，确保后续学校体育的正常开展等。

学校体育风险管理目标的确定是学校体育风险管理实施的第一步，整体目标明晰，具体目标和阶段目标切实可行，结合不同阶段、不同领域，采取有针对性的措施，以期实现学校体育全面风险防控的全主体化和全过程化。

二、学校体育风险管理过程

如前所述，全面风险管理主要包括风险识别、风险评估和风险应对三个环节。风险识别为风险评估提供依据，风险评估为风险应对提供依据，一环扣一环，形成学校体育风险管理过程。

(一) 风险识别

风险识别(Risk Identification)是风险管理的第一步。ISO《标准》指出："风险识别是发现、辨认和描述风险的过程"，包括对风险源、风险事件及其原因和潜在后果的分析，是整个风险管理过程中最基本的、最重要的环节。学者石岩认为风险识别是通过对大量的数据、资料的收集，对所收集的结果运用数理统计的方法进行科学系统的分析，并根据收集到的数据与资料综合考虑其可能引发风险事件的概率，其主要作用是为选择合理、正确的风险应对方式提供参考依据。[①] 本

---

① 石岩，赵振宇. 中小学小球类项目风险评估与干预研究[J]. 成都体育学院学报，2012，38(10)：86-90.

书中，学校体育活动是风险的研究对象，学校体育风险识别即是对导致学校体育风险事件的隐性和显性的风险因素加以识别、判断和归纳的过程。

风险识别过程包含感知风险和分析风险两个环节。感知风险即是了解客观存在的各种风险，是风险识别的基础，只有通过感知风险，才能进一步在此基础上进行分析，寻找导致风险事故发生的条件因素，拟订风险处理方案，进行风险管理决策服务。分析风险即是分析引起风险事故的各种因素，它是风险识别的关键。风险识别是学校体育安全开展的重要保障之一，有效地识别学校体育中存在的各种风险并做好预防应对是保障体育安全的关键。在学校体育的开展过程中，会存在各种各样的风险因素，包括人员因素、环境因素、场地及器材因素等，风险识别是在这些因素中识别存在的安全隐患，并分析各风险因素引起风险事故的潜在原因。只有做好风险识别工作，才能做好对这些风险因素的有效规避、转移、降低、自留及应急处理。

风险识别需兼顾动态性和系统性。体育风险伴随学校体育活动的开展而产生，随着时代的变化以及学校体育活动内容和形式的不断变革，学校体育风险也在不断地变化。[1] 因此，风险识别应是动态认知的过程。其次，学校体育风险识别具有系统性，正如全面风险管理理论所述，风险事件是互相依赖的，风险识别需要体现其全面性和全员性，不仅要识别某一阶段或某一主体可能面临的风险，而且需要考虑风险主体与其他人、物之间的联系，发现联系中可能存在的风险因素，综合考虑多方面原因。

风险识别在不同阶段可采用不同风险分析工具。感知风险阶段常用原始资料分析法、组织分析法、流程图分析法、标准调查表等；分析风险阶段常用检查表、风险清单、事故树、统计模型等。本书在风险识别的感知风险阶段主要采用原始资料分析法和调查法；分析风险阶段运用检查表法和德尔菲法对风险源和风险因素进行筛选和确定。

(二) 风险评估

风险评估是基于风险识别，运用数理统计方法综合评估风险因子发生的概率

---

[1] 朱光秋. 昆明市普通高校体育运动意外伤害风险的识别与评估研究[D]. 云南师范大学, 2017: 25.

和可能性，判断风险等级的活动。风险评估旨在通过风险等级和影响程度的评价，为后续风险应对，即选择和决策合适的风险应对战略或方法提供依据。风险评估一般基于两个维度：风险发生的概率，即风险发生的可能性；风险发生的严重性，即风险发生的影响程度。科学、准确地风险评估对学校体育伤害事故的预防具有至关重要的意义。目前，风险评估多采用定性评估、定量评估或定性和定量相结合的方法，如风险矩阵法、层次分析法、帕累托法、结构方程模型和列表排序法等。本书主要运用风险矩阵法对学校体育风险因子进行风险评估。

(三) 风险应对

风险应对是指基于风险管理目标和风险承受能力，根据风险识别和风险评估结果，确定风险规避或防范策略和方法的过程。风险应对主要包括风险规避、风险转移、风险接受和风险降低四个策略。在风险管理的实际操作过程中，实施者往往是依据风险发生的可能性、影响程度有针对性地选择相应的应对措施。风险应对策略与风险发生的可能性及影响程度等风险水平之间的关系如图 3-1 所示。

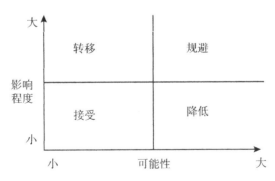

图 3-1 风险应对策略与风险水平的关系图

由上图可以看出，风险发生可能性大、影响程度大的风险因素宜选择风险规避策略；风险发生可能性大、影响程度小的风险因素宜选择风险降低策略；风险发生可能性小、影响程度大的风险因素宜选择风险转移策略；风险可能性小、影响程度小的风险因素宜选择风险接受策略。本书将根据学校体育风险因素的不同水平选择不同的风险应对策略。

三、学校体育全面风险管理模型

基于以上分析，在结合风险管理理论及学校体育风险管理特点的基础上，构建学校体育风险管理模型如图 3-2 所示。

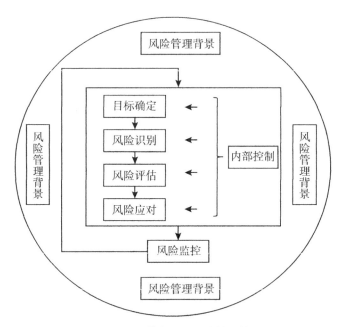

图 3-2　学校体育全面风险管理模型

第四章　学校体育风险识别

如上所述，风险识别是风险管理的基础工作，它是风险主体对所面临的风险以及潜在的风险加以判断和归类的过程，即在风险事故发生之前运用各种方法系统地、连续地认识所面临的各种风险以及分析风险事故发生的潜在原因。

学校体育风险伴随学校体育活动的开展而产生并贯穿在学校体育活动的全过程。风险是客观存在的，学校体育活动过程中任何一个风险因素的形成，如准备活动做得不到位、器材的安全隐患、教师监管不力等因素都有可能导致风险的发生和风险损失。由体育风险因素而导致的风险损失，不仅会给社会、家庭和学校造成经济和物质上的损失，也会对事件主体的身体和精神造成伤害；在扰乱学校体育活动正常开展的同时，还会给家庭、社会造成严重的负面影响。

学校体育风险也有其独特性。体育运动不同于其他活动，是一种以身体活动为基本手段，以不同运动项目为途径，发展身体运动能力，达到增强体质、提高健康生活水平以及培养人的良好精神品质的目的，具有其自身的特征和特点。体育活动本身即具有一定的风险性，如单双杠、跳马等体操类项目，篮球、足球等对抗类项目，长跑等田径类项目，由于项目本身的特点，容易产生各种摔、扭、撞、骨折等身体上的损伤；体育活动场地具有开放性和流动性，体育活动多为室外场地，项目和课程内容不同，场地和器材也会随之调整，因此，较容易受到天气和器材等外在因素的影响，同时，活动组织范围大，教学组织的难度也随之增强，潜在的不确定风险增多。此外，体育活动具有明显的个体差异性，体育运动中的速度、耐力、力量、负荷等随着不同年龄阶段，甚至相同年龄阶段的不同个体，会表现出差异性，体现出运动能力的不同、负荷强度耐受力的不同等个体独特性。因此，体育运动风险是客观存在的、不可避免的、独特的，但所有风险都是可以管理的，体育运动也不例外，合理地规避或防范可以最大限度地降低体育运动的风险概率和风险影响力。

此外，学生是一个特殊的群体，按照《民法典》的规定，8 周岁以上的未成年人属于限制民事行为能力人，而不满 8 周岁的未成年人则属于无民事行为能力人。在学生阶段，学生的主体能动性与自主性较强，自我控制能力较弱。在体育教学中，学生作为学校体育的主体，体育运动的开放性与流动性使得学生的主体能动性与自主性得到了更好的释放，主体行为意识也成为引发体育课风险事故的重要因素之一。如学生的生理在接受超出身体负荷的体育运动时，很容易发生体育损伤等体育伤害事故；又如学生在体育运动中风险防范意识不强的情况下，如果不能及时正确地感知自身行为或周边同学的行为会造成伤害，无法意识到自身或他人是否身处危险之中而需要帮助，就可能引发体育伤害事故的发生。

因此，为了最大限度地规避或降低学校体育风险事件的发生，必须深入认知学校体育风险事件发生的现状和规律，在既有案例中探究导致学校体育风险事件发生的风险因子。本书在基于既有案例分析和问卷调查以及访谈的基础上，初步筛选出学校体育风险因子，并结合学校体育四大领域实际，运用德尔菲法构建了各领域学校体育风险指标体系。

第一节 学校体育伤害事故发生特点

为了解学校体育风险事件发生现状及其影响因素，本书收集了近五年（2017—2021 年）中国裁判文书网和 openlaw 网大中小学各阶段出现的体育伤害事故 3225 例。在案例收集的基础上，通过逐一筛查和清洗，去除 596 例重复或无关案例，最终获得有效案例 2608 例。基于有效案例，从学校体育的不同阶段对风险事件发生的年度、月份、省份、年级、判罚主体和判罚金额、学生风险致因、教师风险致因和环境风险致因、伤害类型等进行了统计分析，旨在探究各阶段学校体育风险事件的发生特点和规律。

一、年度月份

图 4-1 为我国小学阶段体育伤害事故发生的年份与月份分布情况，其中 2017 年有 101 例，2018 年有 170 例，2019 年有 191 例，2020 年有 189 例，2021 年有 189 例（本次案例数据统计来源于法律文书案例分析，案例审判和传输存在一定延迟性）。根据每一年的数据来看，事故多发月份为 3 月、10 月、11 月和 12 月，

从季节来看，事故多发季节为秋冬之际。

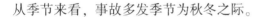

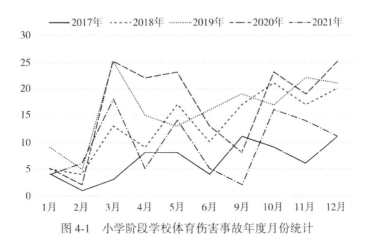

图 4-1　小学阶段学校体育伤害事故年度月份统计

初中阶段 732 例体育伤害事故中，2017 年有 65 例、2018 年有 133 例、2019 年有 156 例、2020 年有 163 例、2021 年有 116 例。全年统计中，初中体育伤害事故案例数因月份不同事故发生的频率明显不同，从图 4-2 可看出，事故多发月份集中在 3 月、6 月、10 月和 11 月，如图 4-2 所示。

图 4-2　初中阶段学校体育伤害事故年度月份统计

高中阶段 553 例体育伤害事故中，2017 年有 82 例、2018 年有 103 例、2019 年有 112 例、2020 年有 109 例、2021 年有 112 例(部分案例缺乏月份)。整体上我国高中体育伤害事故数量基本保持稳定状态。在全年统计中，高中体育伤害事故案例数，因月份不同，事故发生的频率明显不同，从图 4-3 可看出，事故多发月份集中在 6 月、9 月、11 月和 12 月，如图 4-3 所示。

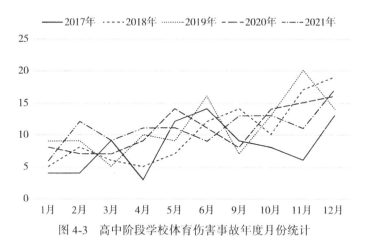

图 4-3　高中阶段学校体育伤害事故年度月份统计

大学阶段 394 例体育伤害事故中，2017 年有 51 例、2018 年有 74 例、2019 年有 76 例、2020 年有 77 例、2021 年有 87 例（部分案例缺乏月份）。全年统计中，大学体育伤害事故案例数在各个月份中差值较小，但仍旧存在明显的月份特征。从图 4-4 可看出，事故多发月份集中在 3 月、6 月、9 月、10 月和 11 月，如图 4-4 所示。

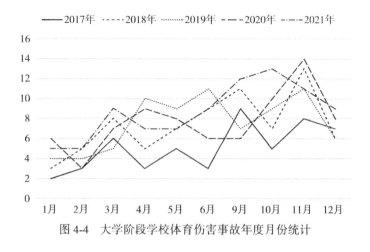

图 4-4　大学阶段学校体育伤害事故年度月份统计

由上述案例数据分析可以看出，在季节分布特征上，小学、中学和大学的体育伤害事故均多发于 3 月、6 月、9 月至 12 月份，其与 6 月的高温天气、秋季学校运动会的召开以及年末天气变化等因素相关。根据事故多发月份特征，学校管理者、教师、体育活动组织者应对事故多发月份学校体育活动的开展予以更多关注，加强各主体的安全防范意识培养，合理安排体育活动，积极规避风险。

二、年级分布

从图 4-5 可以看出，小学体育伤害事故 929 例中，一年级有 104 例、二年级有 125 例、三年级有 153 例、四年级有 172 例、五年级有 158 例、六年级有 92 例（注：由于个别案例未标明年级无法统计，故存在缺失），其中，三、四、五年级发生事故的频率相对较高。

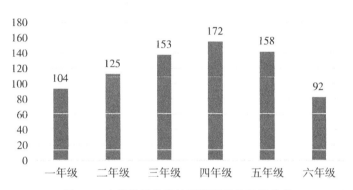

图 4-5 小学阶段学校体育伤害事故年级分布

由图 4-6 可知，初中体育伤害事故中，初一有 192 例，初二有 287 例，初三有 177 例（由于判决文本的案例内容的缺失，部分案例无法统计学生所在年级，因此与总数存在一定偏差），其中初二学生发生事故的频率相对较高。

由图 4-7 可知，高中 553 例体育伤害事故中，高一有 134 例，高二有 165 例，高三有 142 例（由于判决文本的案例内容的缺失，部分案例无法统计学生所在年级，因此与总数存在一定偏差），高二体育伤害事故发生率略高于高一和高三，无明显年级和年龄分布特征。高中阶段学校体育伤害事故明显比中小学体育伤害事故少，一方面与高中阶段部分学校体育课开展数量减少有关，另一方面，高中生与中小学生相比，已经具有了一定的风险防范意识和风险防范认知，在面对风险事件时，会主动采取一定程度的风险防范手段。尽管如此，仍无法全面防范风险的发生，高中阶段的风险管理仍不可忽视。

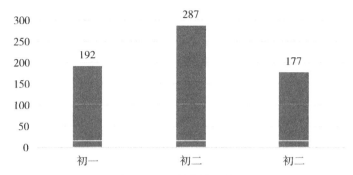

图 4-6　初中阶段学校体育伤害事故年级分布

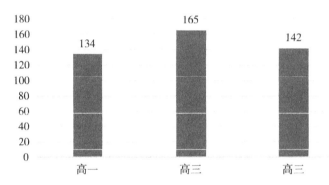

图 4-7　高中学校体育伤害事故年级分布

由图 4-8 可知，大学 394 例体育伤害事故中，大一有 45 例，大二有 66 例，

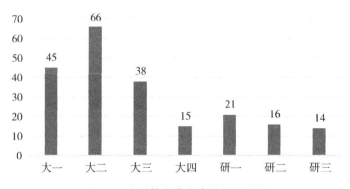

图 4-8　大学体育伤害事故年级分布

大三有 38 例，大四有 15 例，研一有 21 例，研二有 16 例，研三有 14 例（由于判决文本的案例内容的缺失，部分案例无法统计学生所在年级，因此与总数存在一定偏差）。从年级分布特征来看，大学体育伤害事故主要集中在大一、大二和大三年级。从整体案例数量来看，大学体育伤害事故随着年级的增长，伤害事故整体呈现下降的趋势。其主要原因在于，大学生与中小学学生相比运动能力较发达，作为成年人具有相对较高的风险意识。

从以上分析可看出，在年级分布上，小学体育伤害事故多发于三至五年级，而初高中则无特别明显的分布差异，大学体育伤害事故主要集中在大一至大三阶段。从总体上来看，小学阶段是学校体育伤害事故发生的高峰期。

三、判罚主体及金额

从图 4-9 可知，我国小学体育伤害事故 929 案例中，主体判罚统计分析图呈波浪式分布，涉及学校承担责任的有 763 例，涉及学生承担责任的有 89 例，其中 164 例是三者需要共同负担责任（由于部分案件需要三方共同承担责任，故判罚主体有重复部分）。由此可见，在学校体育伤害事故中，学校是最大的判罚主体，影响主要包括金额损失以及对学校声誉的影响。学生需要承担责任的案例共有 89 例，由于小学生年龄较小，心智不成熟，对于学校体育伤害事故应急处理能力较差，当事故发生时，监护方需要承担主要的赔偿责任。往往学校体育伤害

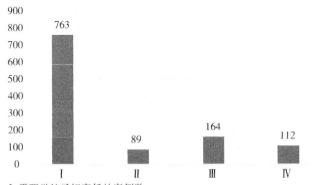

Ⅰ 需要学校承担责任的案例数
Ⅱ 需要学生承担责任的案例数
Ⅲ 需要受害者、学校与造成伤害事故的学生三者共同承担责任的案例数
Ⅳ 由保险公司承担损失的案例数

图 4-9 小学阶段学校体育伤害事故判罚主体

事故的发生，会给一个乃至几个家庭带来严重的精神伤害和巨大的经济损失。此外，929 件案例中，仅有 112 例是由保险公司承担损失的，通过保险等方式转移风险的比例仍较少。

从图 4-10 和图 4-11 可知，在我国小学体育伤害事故 929 例金额赔偿中，2 例赔偿金额高达百万，154 例超过 10 万元，204 例超过 5 万元，317 例超过 1 万元，239 例低于 1 万元(个别案例存在二次上诉情况以及判罚结果不明确，故存在数量偏差)。由此可见，学校体育伤害事故所造成的经济损失数额较大，有 7 成以上的案例造成的经济损失超过 1 万元。

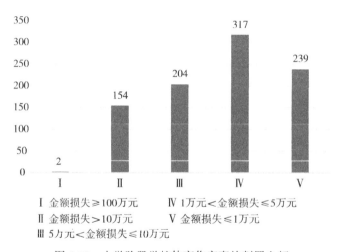

Ⅰ 金额损失≥100万元　　Ⅳ 1万元＜金额损失≤5万元
Ⅱ 金额损失＞10万元　　　Ⅴ 金额损失≤1万元
Ⅲ 5万元＜金额损失≤10万元

图 4-10　小学阶段学校体育伤害事故判罚金额

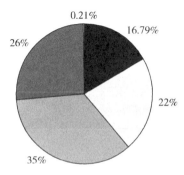

■ 金额损失超过100万元　　□ 金额损失超过10万元　　▨ 金额损失5万—10万元
▨ 金额损失1万—5万元　　□ 金额损失小于1万元

图 4-11　小学阶段学校体育伤害事故赔偿金额

由图 4-12 可知，初中体育伤害事故 732 案例中，主体判罚统计分析图呈现倒金字塔状，涉及学校承担责任的有 558 例，涉及学生承担责任的有 363 例，其中 243 例是三者需要共同负担责任（由于部分案件需要三方共同承担责任，故判罚主体有重复部分）。由此可见，在学校体育伤害事故中，学校是最大的判罚主体；学生需要承担责任的案例共有 363 例，由于初中生属于不具备民事行为能力的公民，其造成伤害事故的损失由监护人赔偿。732 件案例中仅有 79 例是由保险公司承担损失的，表明在我国绝大多数的初中，学校体育伤害事故运用风险回避和转移等应对政策仍在少数。

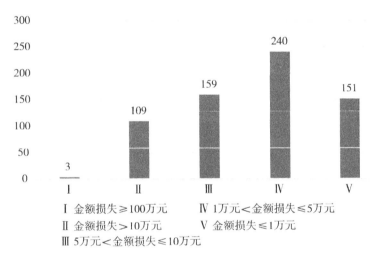

图 4-12　初中阶段学校体育伤害事故判罚金额

Ⅰ 金额损失≥100万元　　Ⅳ 1万元＜金额损失≤5万元
Ⅱ 金额损失＞10万元　　Ⅴ 金额损失≤1万元
Ⅲ 5万元＜金额损失≤10万元

由图 4-13 和图 4-14 可知，在初中体育伤害事故 732 案例金额赔偿中，3 例赔偿金额高达百万，109 例超过 10 万元，159 例超过 5 万元，240 例超过 1 万元，151 例低于 1 万元，由此可见，学校体育伤害事故所造成的经济损失数额 70%以上的案例，经济损失超过 1 万元。较为高昂的经济损失成为学校体育伤害事故后果呈现的显著特点。

由图 4-15 可知，在我国高中学校体育伤害事故 553 案例中，涉及学校承担责任的有 89 例，涉及学生承担责任的有 97 例，其中 210 例是三者需要共同负担责任（由于部分案件需要三方共同承担责任，故判罚主体有重复部分）。高中阶段

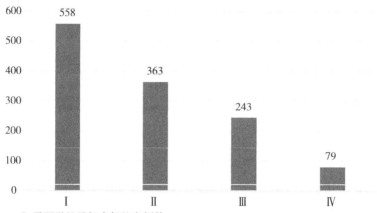

Ⅰ 需要学校承担责任的案例数
Ⅱ 需要学生承担责任的案例数
Ⅲ 需要受害者、学校与造成伤害事故的学生三者共同承担责任的案例数
Ⅳ 由保险公司承担损失的案例数

图 4-13　初中阶段学校体育伤害事故判罚主体

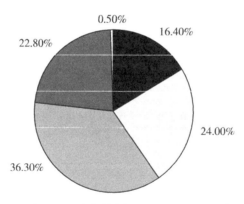

■ 金额损失超过100万元　□ 金额损失超过10万元　■ 金额损失超过5万—10万元
■ 金额损失超过1万—5万元　□ 金额损失小于1万元

图 4-14　初中阶段学校体育伤害事故赔偿金额

学校体育伤害事故的判罚主体主要以学校承担和三方共同承担责任为主。高中阶段随着学生年龄的增长,其判断危险的能力、意识都在逐步提高,因此在判罚过程中,会一定程度上考虑学生自身的因素。在高中阶段 553 例伤害事故中,单独由保险公司承担损失的案例数仅 56 例,采用保险等方式实现学校体育风险转移的仍极少。

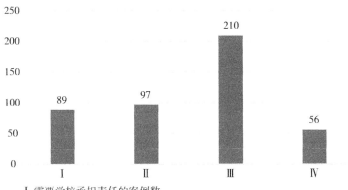

Ⅰ 需要学校承担责任的案例数
Ⅱ 需要学生承担责任的案例数
Ⅲ 需要受害者、学校与造成伤害事故的学生三者共同承担责任的案例数
Ⅳ 由保险公司承担损失的案例数

图 4-15　高中阶段学校体育伤害事故判罚主体

由图 4-16 和图 4-17 可知，在高中学校体育伤害事故 553 例金额赔偿中，76 例赔偿金额超过 10 万元，127 例超过 5 万元，136 例超过 1 万元，155 例低于 1 万元（注：个别案例存在二次上诉情况以及判罚结果不明确，故存在数量偏差）。由此可见，高中学校体育伤害事故所造成的经济损失数额是较大的，约 68% 以上的案例其经济损失超过 1 万元。高额的经济损失给学校、家庭都带来了巨大的伤害。

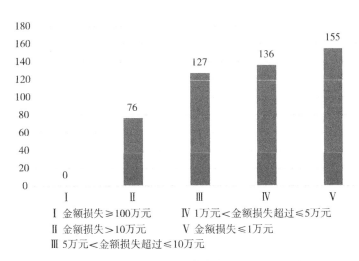

Ⅰ 金额损失≥100万元　　　Ⅳ 1万元<金额损失超过≤5万元
Ⅱ 金额损失>10万元　　　　Ⅴ 金额损失≤1万元
Ⅲ 5万元<金额损失超过≤10万元

图 4-16　高中阶段学校体育伤害事故判罚金额

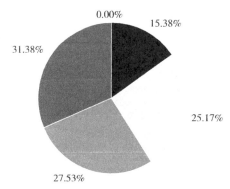

图 4-17　高中阶段学校体育伤害事故赔偿金额

　　由图 4-18 可知，在我国大学体育伤害事故 394 个案例中，涉及学校承担责任的有 36 例，涉及学生承担责任的有 27 例，86 例是三者需要共同负担责任，109 例的体育伤害事故是由保险公司承担损失的案例（由于部分案件需要三方共同承担责任，故判罚主体有重复部分）。大学阶段学校体育伤害事故的判罚主体主要以三方共同承担责任和保险公司承担损失为主。大学阶段的学生在法定年龄上已经属于成年人，随着学生年龄的增长和思维的成熟，其判断危险的能力、意识都在逐步提高，因此在判罚过程中，会在更大程度上考虑学生年龄、运动能力

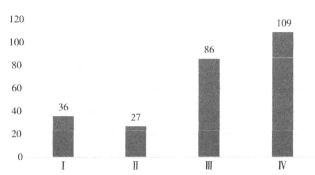

Ⅰ 需要学校承担责任的案例数
Ⅱ 需要学生承担责任的案例数
Ⅲ 需要受害者、学校与造成伤害事故的学生三者共同承担责任的案例数
Ⅳ 由保险公司承把损失的案例数

图 4-18　大学阶段学校体育伤害事故判罚金额

等自身因素。此外，近年来学平险的推进，在一定程度上帮助高校体育伤害事故风险实现了风险转移。

由图4-19和图4-20可知，在大学体育伤害事故案例金额赔偿中，27例赔偿金额超过10万元，34例超过5万元，89例超过1万元，123例低于1万元(个别案例存在二次上诉情况以及判罚结果不明确，故存在数量偏差)。由此可见，大学学校体育伤害事故所造成的经济损失数额相对于小学和中学的金额赔偿较小，但仍旧存在一定数量的高金额赔偿案例，54.95%以上的案例其经济损失超过1万元。高额的经济损失对学校、家庭都带来了巨大的伤害。

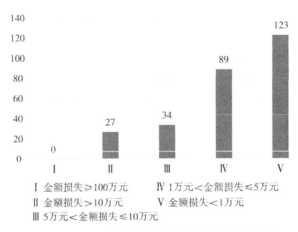

图4-19　大学阶段学校体育伤害事故判罚主体

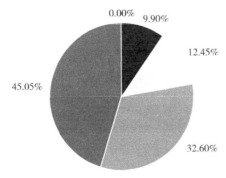

图4-20　大学阶段学校体育伤害事故赔偿金额

由上分析可以看出，在赔偿金额上，大部分的学校体育伤害事故是由学校和学生承担，赔偿金额多数集中在 1 万—5 万元。学校体育伤害事故一旦发生，对于学校、学生甚至是一个家庭将产生重大影响。

四、风险致因

由图 4-21 可知，在小学体育伤害事故中，学生风险防范意识较差，自我保护及安全意识较为薄弱，其中 470 例事故的发生与学生风险防范意识较差相关。此外，学生上课的纪律性较差，不遵守课堂规则，擅自做与教学无关的活动或相互打闹、相互推搡等行为也是引发学校体育伤害事故的重要原因。在收集的学校体育伤害事故案例中，因不遵守上课纪律引发的案例涉及 69 例，相互打闹造成体育伤害事故的有 103 例，故意推人或故意伤害他人的有 57 例，擅自做与教学无关的活动的有 153 例。再次，涉及运动心理和运动经验或运动习惯致因的体育伤害事故分别为 23 例和 26 例，学生的畏难情绪、过度兴奋、轻视运动难度等也成为导致体育伤害事故的主要因素。

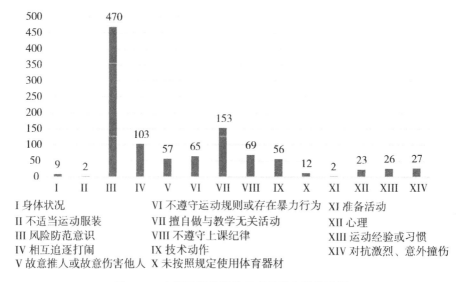

图 4-21　小学阶段体育伤害事故学生风险致因

从图 4-22 可知，小学体育伤害事故中，教师风险致因主要集中在 4 个因素：

教学过程中对学生安全保护不到位、教学管理疏忽、贯穿教学全过程的安全教育不到位、对学生的医务监督不完善。四大风险因素在案例中的发生例数分别为267、215、356、119，其中各项风险因素存在重叠部分。教师风险致因可大致归为三类：教学管理，包括现场管理混乱、教师不在岗、监管不力等；教学组织，包括教学设计或教学安排不合理、教学内容超出教学大纲；应急预案不充分和意外处理不及时等。

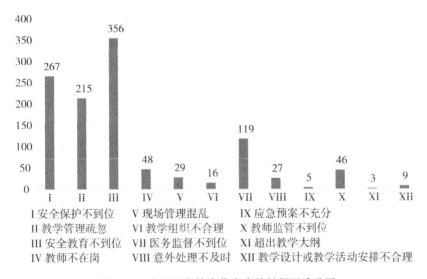

图4-22　小学阶段体育伤害事故教师风险致因

以教学组织为例，学校体育课分为准备阶段、基本部分和结束阶段，任何一个环节的设计或管理疏忽都容易造成学校体育伤害事故的发生。其中，准备部分是每一名体育教师在每一堂体育课开始前预防体育伤害事故的重要措施之一，是否安排见习生、检查学生运动服装、充分做好准备活动等教学行为都是可能导致体育伤害事故发生的重要因素。在小学体育伤害事故中，学生因自身身体状况造成体育伤害事故的有9例，2例是因运动服饰不当，2例是因准备活动不充分。此外，教师讲授和示范是体育课堂的基本环节，但当体育教师错误地示范动作、教授超纲技术动作或难度系数过大的动作，教授内容和方法不符合学生身心发展时都有可能导致学校体育伤害事故的发生。在已有案例中，86例是因教学组织不当而导致的学生伤害事故。因此，体育教师认真细致地设计好每一堂课，制定符合学生身心发展的课程计划是预防学校体育伤害事故，降低学校体育伤害事故影响的重要防范措施。

此外，体育活动本身具备极强的竞争性和对抗性，如足球、篮球等竞争性、对抗性较强的运动项目，也属于事故多发的运动项目，是学校体育风险管理中风险识别和防范的重要关注点。小学体育伤害事故中，27 例是因对抗激烈、意外撞伤造成的。

再次，运动器材是每一位体育教师的真实教具，但也是学校体育伤害事故中的重要致因。在已有案例中，不当使用运动器材是造成学校体育伤害事故的重要原因。教师正确教授运动器材使用方法、学校定期检查运动器材耗损程度是规避风险、预防学校体育伤害事故发生的重要措施之一。由此可见，教师也是有效规避学校体育伤害事故的重要主体。

图 4-23 显示，环境因素也是影响学校体育伤害事故发生的重要原因，而且这些环境因素的安全隐患极易受到忽视。环境风险因素在已收集案例中，主要包括场地存在安全隐患、器材存在安全隐患、天气以及体育环境和氛围等。其中场地因素(53 例)、体育氛围环境因素(73 例)在小学体育伤害事故中出现的频次较高，器材因素与天气因素较低，但仍然存在安全问题。

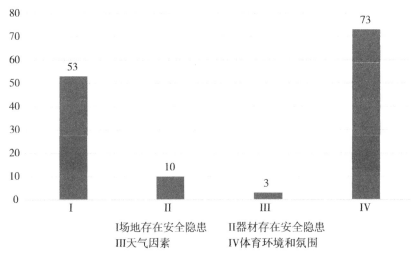

图 4-23　小学阶段体育伤害事故环境风险致因

由图 4-24 可知，初中体育伤害事故中，学生风险防范意识较差，自我保护及安全意识较为薄弱是造成学校体育伤害事故的重要原因。风险致因归类中，425 例事故中涉及学生的风险防范意识较差，不遵守上课纪律的有 73 例，相互打闹造成体育伤害事故的有 88 例，故意推人或故意伤害他人的有 78 例，擅自做与教学无关的活动的有 63 例。

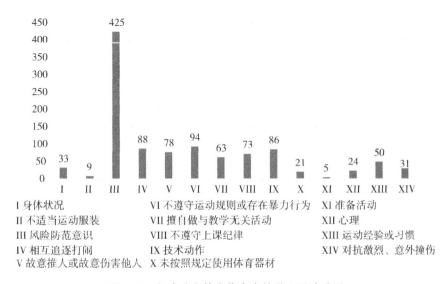

图 4-24 初中阶段体育伤害事故学生风险致因

体育课准备阶段，有 14 例学校体育伤害事故源于学生自身身体状况，9 例源于运动服饰不当，5 例因准备活动不充分；基本部分，因技术动作原因导致学生体育伤害事故的有 86 例，其中，足球、篮球等事故多发运动项目也构成了初中学校体育风险管理中风险识别的重要组成部分，初中体育伤害事故中有 31 例是因对抗激烈和意外撞伤引发的。此外，运动器材也是体育课程中的重要风险致因，初中学校体育伤害事故中，由于未按规定使用体育器材的共计 21 例。运动心理、运动经验和运动习惯在体育伤害事故统计中分别为 24 例和 50 例，极端情绪和心理等都是导致学校体育伤害事故的重要因素。

由图 4-25 可知，在初中体育伤害事故教师风险致因中，304 例源于教师安全教育不到位，部分体育教师安全教育意识的薄弱导致。安全保护不到位在初中体育伤害事故中共有 241 例，体育教师作为体育课程专任教师，应当熟知并掌握各项技术动作的保护动作，重视安全保护是体育课程教学中避免伤害事故发生的主要措施，也是最有效、最直接的措施。在教师风险致因中，教学管理疏忽、教师不在岗、现场管理混乱、教学组织不合理和教师监管不到位等一系列风险致因贯穿于体育教学过程，共 212 例。医务监督和应急预案不充分共 138 例，凸显了我国部分学校医务监督和应急预防缺乏的问题，而有效的医务监督往往能够有效降低体育伤害事故对受害者及学校的损失，重视医务监督、及时就医判别伤情是体育伤害事故发生后积极有效的风险应对措施。

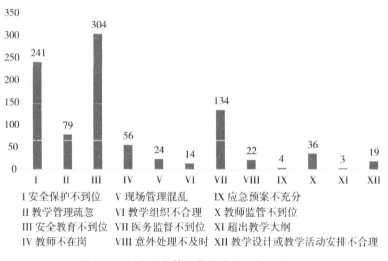

图 4-25　初中阶段体育伤害事故教师风险致因

　　由图 4-26 可知，初中部分体育伤害事故环境风险致因中，因于雨雪等天气因素导致场地湿滑致学生受伤案例共 14 例；由于场地选择不合理致使学生受伤案例共 6 例；由于体育场地器材年久失修、场地存在安全隐患等因素致使学生受伤案例共 37 例。合理选择运动场地、按时维护运动器材及严格管理运动场地等是减少或规避学校体育伤害事故的重要手段。

　　由图 4-27 可知，高中体育伤害事故学生风险致因的 553 例中，涉及风险防范意识的伤害事故共 163 例，表明我国学校体育伤害事故预防中学校安全教育工作仍任重道远，加强学生风险意识仍然是学校体育工作的重点与难点。因技术动作不当致伤的体育伤害事故共 45 例，高中体育活动中技术动作不熟练、不按照规定练习成为造成体育伤害事故的重要风险致因。而在高中阶段，随着学生年龄的增长，自律意识和管理意识的逐步增强，相互追逐打闹、故意推人、擅自做与教学无关活动、不遵守上课纪律等风险致因在整体学生风险致因所占的比例相较于小学和初中明显减少，共计 87 例。此外，因身体状况或准备活动不充分等造成的伤害事故共 24 例，表明高中体育活动中仍存在教师课前准备疏忽，课前检查不到位的情况。

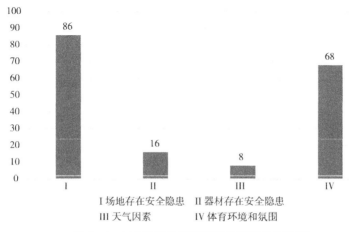

I 场地存在安全隐患　II 器材存在安全隐患
III 天气因素　IV 体育环境和氛围

图 4-26　初中阶段体育伤害事故环境风险致因

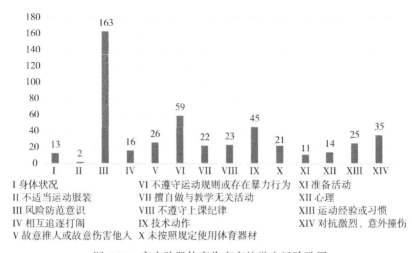

I 身体状况
II 不适当运动服装
III 风险防范意识
IV 相互追逐打闹
V 故意推人或故意伤害他人

VI 不遵守运动规则或存在暴力行为
VII 擅自做与教学无关活动
VIII 不遵守上课纪律
IX 技术动作
X 未按照规定使用体育器材

XI 准备活动
XII 心理
XIII 运动经验或习惯
XIV 对抗激烈、意外撞伤

图 4-27　高中阶段体育伤害事故学生风险致因

由图 4-28 可知，高中体育伤害事故中由于安全保护不到位导致伤害事故发生的案例高达 90 例，占总事故数的 50%，这也在一定程度上表明我国高中阶段仍存在体育教师忽视教学保护，安全保护意识较差的问题和现状。安全教育不到位在我国高中体育伤害事故中共有 83 例，安全教育的缺失是造成体育伤害事故的重要原因。此外，教师的教学管理疏忽、教师不在岗、现场管理混乱、教学组织不合理和教师监管不到位等一系列风险致因也贯穿于高中体育教学过程的始终，由此引发的学校体育伤害事故共有 77 例。再次，由于医务监督和应急预案不充分等风险致因造成的学校体育伤害事故共 32 例，表明我国学校体育中医务监督以及应急预案的制定和实施仍存在缺陷。

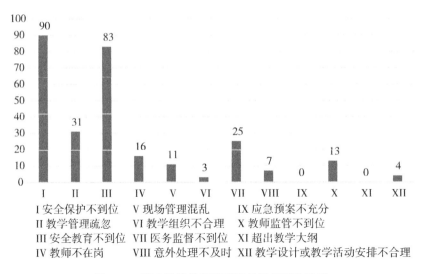

图 4-28　高中阶段体育伤害事故教师风险致因

由图 4-29 环境风险致因数据统计可知，环境因素也是影响高中体育伤害事故的重要原因。在已有案例中，因天气因素影响，场地湿滑致学生受伤的案例有 3 例；选择不合理场地致使学生受伤的案例共 1 例；由于体育环境和氛围致使学校体育伤害事故发生的案例共 21 例；由于社会治安导致的学生伤害案例共 2 例。

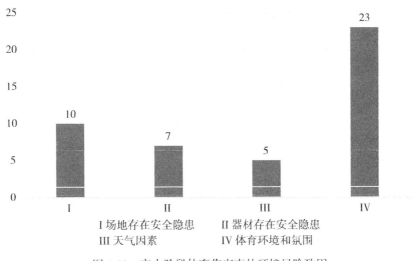

I 场地存在安全隐患　　II 器材存在安全隐患
III 天气因素　　IV 体育环境和氛围

图 4-29　高中阶段体育伤害事故环境风险致因

　　由图 4-30 可知，大学体育伤害事故学生风险致因的 394 例中，涉及风险防范意识的伤害事故共 124 例，表明我国大学学校体育伤害事故中学校针对学生体育领域的运动安全教育相对较少，从侧面反映出增加学生运动安全教育和提高学生风险防范意识仍旧是高校体育风险管理工作中的重点。此外，因不适当的运动服装导致的体育伤害事故共 33 例、擅自做与教学无关活动导致的体育伤害事故共 36 例、因未按照规定使用体育器材导致的体育伤害事故共 43 例，从这三个风险因素来看，大学体育活动中存在教师课前准备疏忽、课前检查不到位、课堂纪律松散等问题。此外，随着年龄的增长，高校大学生运动能力相较于中学生更加完善，在运动竞赛会参与运动强度高、对抗激烈的体育活动，因此对抗激烈也成为高校体育活动伤害事故中的重要风险致因之一。

　　由图 4-31 可知，大学体育伤害事故中由于安全教育不到位的案例共 55 例，教学设计或教学活动安排不合理的案例共 39 例，教学管理疏忽的案例共 25 例，现场管理混乱的案例共 24 例。从大学阶段体育伤害事故教师风险致因情况来看，大学阶段教师风险致因主要源于教师教学设计和教学管理层面的疏忽。此外，医务监督不到位和意外处理不及时等应急防控措施也在整体教师风险致因数量统计中占据较高比重，案例数皆为 22 例，该现象表明大学在应急防控预案、学校应急管理、医务监督等方面仍旧有待提高之处。

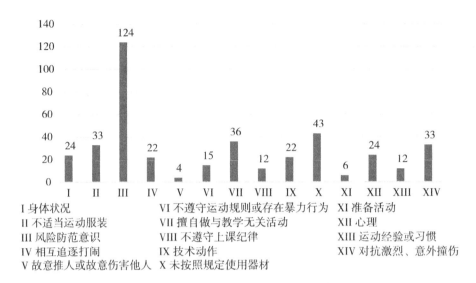

I 身体状况
II 不适当运动服装
III 风险防范意识
IV 相互追逐打闹
V 故意推人或故意伤害他人

VI 不遵守运动规则或存在暴力行为
VII 擅自做与教学无关活动
VIII 不遵守上课纪律
IX 技术动作
X 未按照规定使用器材

XI 准备活动
XII 心理
XIII 运动经验或习惯
XIV 对抗激烈、意外撞伤

图 4-30 大学阶段体育伤害事故学生风险致因

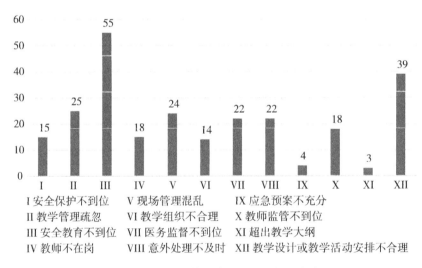

I 安全保护不到位
II 教学管理疏忽
III 安全教育不到位
IV 教师不在岗

V 现场管理混乱
VI 教学组织不合理
VII 医务监督不到位
VIII 意外处理不及时

IX 应急预案不充分
X 教师监管不到位
XI 超出教学大纲
XII 教学设计或教学活动安排不合理

图 4-31 大学阶段体育伤害事故教师风险致因

由图 4-32 环境风险致因数据统计可知，环境因素也是影响大学体育伤害事故的重要原因。在已有案例中，因天气因素影响，导致体育伤害事故的案例共 6 例；由于场地存在安全隐患导致体育伤害事故的案例有 21 例；从大学体育伤害事故环境风险致因来看，大学生体育伤害事故的环境风险致因主要是学校场地设

施存在隐患导致的。出现这一现象的原因在于大学体育活动多样，课外体育活动
场所较多，因此在一定程度上造成了运动场地风险的增加。

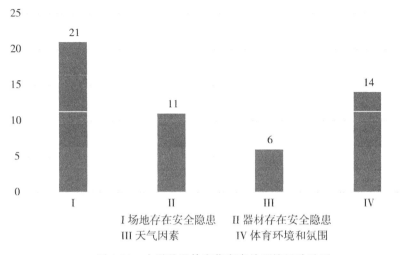

I 场地存在安全隐患　II 器材存在安全隐患
III 天气因素　IV 体育环境和氛围

图 4-32　大学阶段体育伤害事故环境风险致因

　　在风险致因分析中，学生普遍存在风险防范意识薄弱等现状，小学及初中
阶段因为课堂纪律差，不遵守课堂规则，擅自做与教学无关的活动或相互打
闹、相互推搡等原因导致的体育伤害事故明显高于高中阶段的体育伤害事故，
其表明高中生在遵守运动规则、控制情绪等方面较小学和初中学生有了显著的
进步；而教师在进行体育教学的过程中普遍存在安全保护不到位、安全教育不
到位的现象，以及在课程中缺乏教学管理从而导致学生体育伤害事故风险增加
的现象。此外，学生在学校运动场所也面临着场地和体育氛围、环境的安全
隐患。

五、受伤类型

　　基于学校体育伤害事故已有案例发现，受伤类型包括心脏病、癫痫、气喘等
特殊疾病或一般性疾病导致的死亡，冲突碰撞等导致的外伤（擦伤、挫伤、骨折、
眼部受损）等。具体统计情况如表 4-1 所示。

表 4-1   **学校体育伤害事故伤害类型(例)**

类 型	小学	中学
骨折	203	208
摔伤	148	80
门牙受伤	90	29
眼睛受伤	58	29
头部受伤	25	23
面部受伤	21	26
擦伤/挫伤	14	20
死亡	5	20

根据上表可以观察到，在伤害类型上，学校体育伤害事故的发生多为冲突碰撞导致的骨折、摔伤等外伤，晕倒、中暑、休克、腹痛、发烧等一般性疾病，但也存在由于严重疾病或其他原因导致的猝死事件。其中，骨折和摔伤是中小学体育课上多发的伤害类型，在既有案例中，学生因冲突碰撞所致的外伤占据了学校体育活动伤害类型的 85% 以上，骨折的部位主要集中在上下肢，其中下肢腿部骨折、上肢手臂骨折、锁骨骨折等三类骨折较为集中。牙、眼、口、鼻、面部受伤多发于碰撞激烈的运动项目(如篮球、足球)，其中，眼部和牙齿损伤是体育伤害事故中较为多发的损伤，一般表现为视网膜受损、视力下降、门牙折断等。死亡多源于学生不良的身体状况或不及时的意外事故处理。其中，特殊疾病导致的死亡是我国学校体育活动中运动猝死发生的主要原因；一般性疾病导致的损伤和因冲突碰撞导致的外伤是体育伤害事故中的主要伤病类型。

第二节   学校体育风险归因分析

由学校体育伤害事故统计分析发现，学校体育风险事件的发生是由多重风险因子导致的。学校体育风险识别即是对损害学校体育目标实现的隐性或显性风险因子进行识别的过程。只有通过风险识别认清每个环节存在的风险，才能主动地选择适当有效的方法，及时采取风险应对措施。

基于事故致因理论和上述学校体育伤害事故的统计分析，学校体育风险可被分为人员风险、环境风险、组织管理风险、意外事故风险四大类。其中人员风险包含学校体育活动中存在的学生、教师以及学校体育工作管理者等风险主体；环境风险包含场地、器材、医疗人员设备和医护能力、天气等风险来源；组织管理包含医务监督、应急计划、应急实施、管理制度等多个环节的风险来源；意外事故主要为非人为的不可抗拒的因素造成的伤害事故。

一、人员风险

人员风险包含学校体育活动中学生、教师以及学校体育工作管理者等风险主体潜在的风险。

学校体育管理者是学校体育工作的领导者和规划者，是学校体育活动开展的总策划师。学校体育管理者是否具备体育风险管理相应知识，是否制订详细的学校体育风险管理计划是决定学校体育活动能否安全开展的重要影响因素。学校体育管理者和学校体育教师专业能力水平和素养直接决定了学校体育活动风险管理工作的实施情况。学校体育管理者常见的风险因素包括不重视体育风险管理计划的制定而忽略了其在学校体育伤害事故中的预防作用；对体育活动的风险认识不足而轻视了学校的安全防范；不具备相应体育活动组织能力而无法协调监管学校体育工作的健康安全开展；对教师和学生的安全教育不到位而导致学生和教师风险意识的薄弱；未指定体育伤害事故应急措施而导致风险应对滞后或错误；未提前购买相应的保险而无法实现合理的风险转移等，这些潜在的因素都有可能导致学校风险事故的发生。

案例 1[①]

事件回放：2014 年 11 月 28 日，原告陈某某在学校组织的体育课中摔伤，导致右手臂骨折。住院治疗 19 天，花费医疗费 11708.4 元。经鉴定伤

---

① 案例来源于 openlaw 裁判文书网：http://openlaw.cn/judgement/3896dedd8d65486a9fe50abd92197b3f。

残等级为 8 级。请求判令被告石泉县第三中学赔偿，由于学校给每名学生购买了校方责任险和校方无过失责任保险。故，被告财产保险石泉支公司承担赔偿义务。赔偿范围包括：医疗费、住院期间伙食补助费、营养费、后续治疗费、伤残赔偿金、精神损害抚慰金、鉴定费、交通费，合计 166526.4 元。

案例分析：学校在针对体育伤害事故做了有效的应急预防，提前给每位学生购买了相对应的保险，以此风险转移，将学校和学生的风险损失降低到了最小化。医疗费、住院期间伙食补助费、营养费、后续治疗费、伤残赔偿金、精神损害抚慰金都将由保险公司承担。

由上可以看出，购买体育伤害事故保险是学校体育管理者防范风险的重点途径之一。提前购买保险可以将学校和学生的风险损失降到最低。

体育教师作为学校体育活动的组织者和引导者，在学校体育活动开展中扮演着至关重要的角色，不仅承担着体育教学工作，同时也肩负着引导学生安全参与体育活动的重要责任。体育教师不仅应自身具有专业的体育知识和技能、合格的教学组织能力、必备的风险防范和应急处置的意识和技能，也应在教学中，强化学生规则意识和团队精神的培养，重视学生安全意识的养成。体育教师常见的风险因素，如安全防范意识及风险处置能力不足而无法预知和应对危险的发生；对学校体育风险认识不足而忽略重要的体育活动防范措施；在体育活动进行时缺乏必要的安全知识教育和安全防护工作；尽职尽责意识薄弱而擅离职守或组织监管不严等，这些行为都容易引发体育风险事件的发生，甚至造成无法挽回的后果。

案例 2[①]

事件回放：2014 年 9 月 26 日，北京中学有外出活动，刘×随队外出，因此在 9 月 26 日上午体育课备课前，由梁×临时负责六年级男生的体育课，上课一分钟后，梁×让林×去找孙×老师上课，未向林×交代从何路径去找

---

① 案例来源于 openlaw 裁判文书网：http://openlaw.cn/judgement/0ce1780d36f349778454244819464a1e。

孙✕。庭审中，梁✕作为北京中学的证人到庭作证，证言内容是："根据课前备课要求，由于人数较多，场地有限，课前对学生进行了分组，侯✕老师负责带女生上课，我临时负责 30 个男生的篮球课，其余男生跟着孙✕老师学习跳山羊。上课铃响后学生陆陆续续到操场集合，集合完毕后，我开始点名，抽出 9 名学生，去参加孙✕老师跳山羊的课，并嘱咐注意安全。孙✕老师所带学生在东跑道乒乓球台子附近，学生到达孙✕老师所在位置需要穿过跑道。在我调动队伍时，侯✕老师所带的学生已经开始慢跑，而我把注意力放在了上篮球课的学生身上。下课后得知，调配去上山羊课的学生和在跑道上慢跑的女生发生了碰撞，导致一名女生王✕摔倒，并造成了锁骨骨折。体育组所有老师的心情都比较沉重，虽然原因是多方面的，但是也说明我们的体育课堂安全教育还有所欠缺，事发后我们体育组进行了深刻反思，一切都应该把学生安全放在首位，这给我们也敲响了警钟，梁✕称'体育课堂安全教育有所欠缺'指的是'学校的场地限制，体育课应把安全放在首位。教学内容会不断变化，以后无论如何上课，环境如何，都应该把学生的安全放在首位，哪怕课不上，应首先考虑学生的安全，而不是教学内容'。我临时负责这堂体育课，对学生的情况不太了解"。

案例分析： 此案例充分说明了体育教师具备安全防范意识的重要性，教师对安全预见性及危险警示性不足、对学校体育风险认识不足都会造成学生伤害事故的发生，体育老师也在事发后意识到了体育课堂安全教育还有所欠缺，体育组进行了深刻反思，应把学生安全放在首位，这也给体育教师敲响了警钟。

通过上述案例可以看出，体育教师具备安全防范意识的重要性。体育教师安全防范意识差、安全预见性及危险警示性不足、对学校体育风险认识不足都会造成严重后果。此外，体育教师在体育活动组织安排中，未考虑学生的身心发展规律，安排的练习超出了学生可承受的生理能力；在体育活动组织中未警示学生的危险动作；发生体育损伤或意外事故时，未及时采取科学合理的措施而延误了最佳救治时机等，都会威胁学生的生命安全。

案例 3[①]

事件回放：2014 年 4 月 24 日 14 时 40 分左右，原告上体育课时按照体育教师的要求抱轮胎跑步，跑步期间原告摔倒，造成原告门牙脱落、牙槽嵴骨骨折，因被告在体育课上让小学生抱轮胎跑的课程设置未考虑到小学生的身体承受力导致原告受伤，且在原告受伤后未采取积极有效的救治措施，使原告及家人承受了极大的精神及肉体的痛苦。故起诉要求被告赔偿原告医药费 4149.04 元、交通费 500 元、精神损害抚慰金 15000 元、鉴定费 3000 元、后续治疗费 80000 元。

案例分析：体育教师在组织管理过程中首先需要考虑体育活动是否负荷过大，是否符合学生的身心发展规律。未警示学生的危险动作、管理疏忽或失职都会给学生身心造成严重的伤害。案例中体育教师让小学生抱着轮胎跑的课程设置未考虑到小学生的身体承受力导致原告受伤，且在学生受伤后未采取积极有效的救治措施，使学生及家人承受了极大的精神及肉体的痛苦。

通过上述案例可以看出，体育教师在组织管理过程中，应当全面而细致地考虑学生的身体特征和承受能力，避免体育活动负荷过大对学生身心造成影响。同时，加强课堂组织管理责任，避免管理疏忽或失职对学生造成的伤害。

学生是学校体育活动的主体，学校体育活动的组织应当尊重学生的身心发展规律，科学合理地安排学校体育活动。同时，学生作为参与主体，其自身也隐含着诸多风险因素，如中小学生尚处于成长阶段，学生自我控制能力和协调能力尚未达到较好的自我控制水平，体育活动中常会出现因情绪失控等而引发的冲突，从而导致学校体育伤害事故的发生。此外，前已论述的每个学生在不同的发展阶段甚至相同发展阶段也呈现出不同的身心发展水平，其思维模式、行为意识、认知程度、体育能力等都将直接影响到学校体育活动正常健康地开展。学生在学校体育活动中常出现的风险因素，如因技术动作不熟练或错误而导致的运动损伤；

---

① 案例来源于 openlaw 裁判文书网：http://openlaw.cn/judgement/74dca5b1ebe34e689778e28d9320ec08。

不遵守课堂纪律，追逐打闹、碰撞或推人、绊倒他人等故意行为而导致的伤害事故；部分学生因急切和激动等心理状态导致运动负荷超出身心承受能力而引发的体育伤害事故。

案例 4[①]

事件回放： 原告叶某甲诉称，其与被告吴某甲原均系被告三林东校初一(4)班学生。2014 年 10 月 27 日下午第三节体育课预备铃响后，原告班级学生前往操场集合，原告与另一名同学并排走时，吴某甲想用透明胶缠绕原告故从背后伸腿绊倒原告，致原告右手臂受伤。此后，同学将原告扶起，并陪同原告去了医务室，但未报告老师。原告在医务室擦完药后返回教室。当天放学回家后原告也未将受伤情况告知家长。18 时左右原告母亲接到老师电话建议带原告去医院查看。直到晚上原告痛得无法睡觉，原告爷爷遂将原告送至杨思医院，后又转到东方医院，但均不被接收，原告返家，并于次日早上至儿童医学中心就诊，当天住院治疗。事发后次日，三林东校支付原告人民币(以下币种同) 13000 元，此后在人民调解员的主持下学校又支付原告 19000 元，被告吴某甲方支付了 11000 元。原告在与校方交涉过程中，校方要求原告进行鉴定。后经上海枫林国际医学交流和发展中心司法鉴定所鉴定，原告构成 XXX 伤残，并给予休息期 120 天，营养期 90 天，护理期 60 天。原告伤后休息在家，寒假后恢复到校。

案例分析： 学生是学校体育活动的主体，对于中小学的学生而言，身心发展还并不完善，学生不会去考虑活动的危险程度，因此在我国学校体育课案例统计分析中，因学生之间相互打闹、推人的行为而引起的学校体育法律纠纷案件占据了大部分。案例中被告学生从背后绊倒原告的行为便是风险防范意识差的表现，正因如此对原告家庭造成了巨大的伤害。学校应加大对学生风险意识的培养。

---

① 案例来源于 openlaw 裁判文书网：http://openlaw.cn/judgement/5eaffe24953b489e87a3 6d61027e0f1b。

通过上述案例可以看出，大多数中小学生身心发展并不完善，风险防范意识差，而风险防范意识的缺乏会增加风险事故发生的可能性。

二、环境风险

"环境"在《现代汉语词典》中被解释为"周围的地方：优美/卫生；周围的情况和条件：客观/工作"①。在《国防经济大辞典》中"环境"被解释为人类生存的空间及其中可以直接或间接影响人类生活和发展的各种自然因素。环境包括自然环境与社会环境，其中，自然环境是指由水、空气、生物、土壤、岩石、地貌、气候、阳光等自然要素构成的自然综合体；社会环境则是人类物质文明和精神文明发展的标志，是人类长期社会活动创造的环境。②

学校体育中的环境因素是指开展学校体育活动所需要的所有条件的总和。正如前文论述，体育活动因其独特性，环境因素成为安全开展学校体育活动的重要因素，基于前案例分析，学校体育环境风险因素主要包括自然环境风险和社会环境风险等。

场地是体育活动开展的必备条件，场地的设计、配备以及管理等全过程都隐藏着潜在的风险，直接关系到学校体育活动的安全开展。场地的选址、采光、通风、标准、大小等设计环节是否合理科学；建筑材料的选择及施工等实施环节是否达到安全标准；场地的管理制度和定期检查维修等管理流程是否到位，都是学校体育伤害事故发生的重要因素。

案例5③

事件回放：2013 年 10 月 23 日 13 时 30 分左右，原告在学校教学楼顶部的"空中操场"上体育课跑步时摔倒，摔倒时被安装在楼顶并裸露在外的空

---

① 中国社会科学院语言研究所词典编辑室编 . 现代汉语词典[M]. 北京：商务印书馆，1978：565.

② 陈德第，李轴，库桂生 . 国防经济大辞典[M]. 北京：军事科学出版社，2001：117.

③ 案例来源于 openlaw 裁判文书网：http://openlaw. cn/judgement/edd3f3cfdd4448f9a037b42ae29652de。

调外挂机铁架划伤右侧面颊，伤口长达 5 厘米，最深处已达黏膜层。事发后，原告被体育老师紧急送往中国人民解放军总医院第一附属医院，但被医院告知无法进行普通缝合手术。后原告又被学校送至中国人民解放军空军总医院，进行了整形美容缝合手术。2013 年 11 月 6 日，中国人民解放军空军总医院出具《诊断书》，诊断右侧面颊外伤，建议远期瘢痕修复。原告系无民事行为能力人，依据法律的规定，学校应对学生在校期间的人身安全尽到管理责任。被告由于学校场地面积有限，故将教学楼的楼顶作为"空中操场"让学生们进行户外活动，因此被告有义务将楼顶的设备设施进行完善，以达到保障学生活动安全的标准。然而，事故发生前被告并未对教学楼楼顶的空调铁架进行包裹或安装围栏，对上体育课的学生存在极大的安全隐患，最终导致本次事故的发生，故被告在此次事故中存在严重的错误，负有不可推卸的责任。直至本次事故发生后，被告才在该空调铁架外紧急安装了护栏。

案例分析：无民事行为能力人在幼儿园、学校或者其他教育机构学习、生活期间受到人身损害的，幼儿园、学校或者其他教育机构应当承担责任，但能够证明已尽到教育、管理职责的，不承担责任。陈 X 作为一名小学在读学生，听从学校安排在体育课上跑步并无不当，且陈 X 受伤的根本原因在于某二小未将裸露在外空调铁架进妥善的保护，故某二小进行运动的场地存在明显的安全隐患和设施缺陷。在此情况下，某二小应当承担全部赔偿责任。

案例 6[①]

事件回放：2014 年 3 月 26 日上午的第四节课，原告在被告京华中学的 179 班上体育课，该校体育老师先是组织学生集合跑步，后安排学生打球、爬杆等。原告与几名同学在打篮球时，由于篮球场多年失修、地面破烂不堪，又紧挨着护坡，原告在投篮时从高处摔下，头部着地，造成原告脸部、

---

① 案例来源于 openlaw 裁判文书网：http://openlaw.cn/judgement/17411cd81bc0456c80 2164aa2bccead8。

眼部等多处受伤。原告受伤后到多地就医，花费了大量的费用，但被告京华中学只支付了 10000 元给原告。现原告的伤势经鉴定已构成七级伤残，被告京华中学为原告向被告平安财产保险公司购买了平安校方责任保险，故原告的损失依法可由二被告予以赔偿。故请求法院依法判决二被告赔偿原告的各种损失 316329.90 元，并由二被告承担本案的诉讼费。原告冯远鹏为证实其诉称主张，在举证期限内向本院提交了以下证据：证据一：冷水滩区教育局工作人员所作的三份调查笔录，拟证实原告冯远鹏在上课期间在操场受伤，此操场正在改建，不能使用；证据二：诊断书和病历本，拟证实原告冯远鹏受伤的情况；证据三：司法鉴定意见书，拟证实原告的伤势构成七级伤残，伤后休息 6 个月，住院期间二人陪护，后续医疗费用 7000 元，营养费 1000元，配镜费用 8000 元；证据四：医药费票据共计 40 张，拟证实原告冯远鹏所花费医药费 39730.9 元；证据五：交通费车票若干张，拟证实交通费5034.5 元的事实；证据六：住宿费发票若干张，拟证实花住宿费 3480 元；证据七：司法鉴定的票据，拟证实司法鉴定的费用是 1200 元；证据八：补课费收据一张，拟证实原告治伤误学花补课费 6250 元；证据九：现场照片四张，拟证实原告的摔伤地点为篮球架与其他体育用具杂乱地堆在一起，不能使用；证据十：上岭桥中学的证明，拟证实原告与冯默是父子关系。

案例分析：原告应属限制民事行为能力人。被告京华中学明知学校护坡存在一定的安全隐患，在上体育课的自由活动期间，对学生缺乏应有的监管，对本案的发生存在重大过错。被告京华中学为原告在被告平安财产保险公司购买了限额为 30 万元的平安校方责任保险，原告受伤发生在此保险期限内。根据此项保险的条款和保险法的相关规定，原告在本案中所受到的相关直接损失（含诉讼费用）应由被告京华中学负担的部分依法应由被告平安财产保险公司予以直接赔偿。

通过以上两个案例可以发现，场地风险因素是学校体育风险中的重要因素。场地风险因素在学生无意识无察觉的情况下会突然触发并导致伤害事故的发生。在本书筛选的案例当中，因场地存在安全隐患而发生的学校体育伤害事故案例约占本书研究总案例的 13%，多为场地凹凸不平、地面有异物杂物堆放、场地不足或者场地过小、场馆老化等原因导致。

场地是学校体育活动开展的前提条件，体育设备则是学校体育活动开展的必备条件。体育设备与器材也是学校体育风险环境因素的重要因素，学校器材保管不当或检修不及时、体育设备老化、器材的选择存在安全隐患或课程设计器材选择不符合学生年龄阶段的发展特点等都是可能导致风险事件的重要导火索。

案例 7[①]

事件回放： 2015 年 5 月 6 日，体育课自由活动期间，被告王某 1 在与他人追逐过程中，将在篮球架下玩耍的原告撞倒在地，致刘某右胫骨中下段骨折。原告受伤后，先在平度市中医医院治疗后转院至山东省文登整骨医院住院手术治疗，为此而产生经济损失。被告王某 1 系未成年人，应当由其父母承担赔偿原告损失的责任。原告法定代理人多次通过学校及班主任与被告王某 1 的父母沟通善后事宜，至今未果。由于本案事故发生在上课期间，被告平度市南京路小学作为原告在校期间的监护人，没有尽到监护责任，也应承担赔偿原告损失的责任。被告王某 1、王某 2、李某辩称，王某 1 与原告刘某是平度市南京路小学的同班同学。2015 年 5 月 6 日上体育课是事实，但是原告所诉王某 1 将在篮球架下玩耍的刘某撞倒摔伤不是事实，王某 1 体育课期间并没有与原告刘某发生身体接触。经了解，当时的情况是：刘某之伤是因为爬上篮球架做引体向上而体育老师没有制止与其年龄不相符合的活动造成的，另外，学校的篮球架等设施均不符合国家规定标准（GB/T19851.3—2005），且在体育课自由活动期间被不当使用，作为无民事行为能力人，体育老师并没有履行必要的教育和管理之责。

案件分析： 场地器材设施的规范是学校体育活动开展的前提条件，此案例伤害事故主要来源于原告爬上篮球架做引体向上而体育老师没有制止与其年龄不相符合的活动造成的，另外，学校的篮球架等设施均不符合国家规定

[①] 案例来源于 openlaw 裁判文书网：http://openlaw.cn/judgement/801dcfd48f0e4ac59d6ecbbb756b4fe8。

标准(GB/T19851.3—2005)，且在体育课自由活动期间被不当使用，作为无民事行为能力人，体育老师并没有履行必要的教育和管理之责。在此情况下，学校应当承担全部赔偿责任。

案例7中，原告处于小学阶段，对于体育运动的认知尚处在形成发展阶段，因被告对体育器材的使用不合理，未顾及学生身心发展的特点，盲目地使用体育器材，造成学生发生运动伤害。

案例8[①]

事件回放：李某娜系被告学校八(3)班学生，2016年4月1日下午，李某娜在上体育课跳高时，因地面未铺设海绵垫等安全设施，导致原告摔倒受伤，致右侧胫骨上端骨折，股骨内外侧踝骨挫伤。受伤后，原告到王集卫生院、宜城市人民医院、邓氏骨科医院、襄阳中心医院检查、住院治疗。原告要求被告赔偿损失，被告一直推诿。故起诉至法院，请求法院支持原告全部诉讼请求。被告王集中学对原告受伤事实及经济损失均无异议。

案件分析：原告李某娜系限制民事行为能力人，在被告王集中学学习期间按教学要求参加跳高运动，事发时被告王集中学因保护措施不力，未铺设海绵垫等安全措施，致使原告摔倒受伤，应当承担责任。

海绵垫属于体育器材，在进行跳高时，海绵垫能起到一定的安全保护作用，缓冲学生坠落的力量，从而防护学生受伤。该校在进行跳高教学时，未铺设海绵垫的行为直接反映出学校对体育器材的安全保障并没有很好地落实，对体育器材的使用必要性没有正确的认知，从而致使危险的发生。

在本书选取的案例中，因体育设备与器材老化、管理或使用不当而引发的学校体育伤害事故占所有案例的3%左右，其占比虽然低于因场地造成的学校体育

---

① 案例来源于openlaw裁判文书网：http://openlaw.cn/judgement/035178ca30f949c1b075afc46aeb3421。

伤害事故比例，但由于体育器材导致的体育伤害事故多数较为严重，其影响也不容小觑。因此，体育设施与器材的管理过程也需做到全程监控，从体育器材与设备的购买与选择、安装与放置到管理与使用以及检修与维护需要做到严谨科学，任何一个细微的环节的疏忽都可能成为学校体育伤害事故发生的导火索。

学校体育风险的物质环境风险除以上场地和设备器材之外，医疗器械的使用管理也是重要致因。根据国家《医疗器械监督管理条例》可以看出（见表 4-2），国家对于医疗器械的使用已经有了科学全面的规定，对于医疗器械的使用单位也作出了严格的规范要求，凡使用医疗器械的人员必须经过前期的培训，凡是能够反复使用的医疗器械必须经过严密的清洁消毒，对医疗器械必须进行定期的维护，一旦出现安全隐患，马上停止使用。

表 4-2　　　　　　　　　　《医疗器械监督管理条例》部分条款

条款	条款内容
第三十四条	医疗器械使用单位应当有与在用医疗器械品种、数量相适应的贮存场所和条件。医疗器械使用单位应当加强对工作人员的技术培训，按照产品说明书、技术操作规范等要求使用医疗器械。
第三十五条	医疗器械使用单位对重复使用的医疗器械，应当按照国务院卫生计生主管部门制定的消毒和管理的规定进行处理。
第三十六条	医疗器械使用单位对需要定期检查、检验、校准、保养、维护的医疗器械，应当按照产品说明书的要求进行检查、检验、校准、保养、维护并予以记录，及时进行分析、评估，确保医疗器械处于良好状态，保障使用质量；对使用期限长的大型医疗器械，应当逐台建立使用档案，记录其使用、维护、转让、实际使用时间等事项。记录保存期限不得少于医疗器械规定使用期限终止后 5 年。
第三十八条	发现使用的医疗器械存在安全隐患的，医疗器械使用单位应当立即停止使用，并通知生产企业或者其他负责产品质量的机构进行检修；经检修仍不能达到使用安全标准的医疗器械，不得继续使用。

学校是为国家输送后备人才的基地，学校必须要对学生的身心健康负责，因

此学校对于医疗器械的使用必须规范科学，对于医疗人才的选拔必须严格专业。医疗器械和医疗能力是否足够专业，学生进校前的身体状况是否进行过全面排查并掌握了学生的第一手资料；学校是否安排了定期检查；学生在校突发体育伤害事故时，是否具备第一时间处理的专业水平是防范风险事件的重要因素。

对于学校医护人员所具备的医疗能力的要求可以总结为六点：①健康促进能力。包括学校健康护理、保健指导、健康教育、定期检查、疾病预防。②综合护理能力。包括各专科护理技能及中西医结合的护理技能。③独立判断解决问题的能力。由于学校医务室的医务人员多为轮流换班的工作模式，在工作时经常需要独立判断和解决，因此，在应对突发情况时，需具备临危不乱、独立判断的能力。④语言表达能力。由于学生对于疾病的预防以及护理知识不足，医护人员需要在处理伤情的同时，教给学生自我保护的知识，甚至是对其心理问题进行适当的疏导。⑤协调沟通能力。学校的医疗工作需要全校上下协同配合。⑥调研科研能力。在向师生提供医疗服务的同时，仍应提高自身的专业素质和业务能力。医疗器械和医疗能力是学校体育风险环境因素中极其重要的一环，缺失了这一环节，学校体育活动的开展将会受到极大的阻碍。

案例 9[①]

事件回顾：2014 年 9 月 16 日 14 时 40 分许，原告在上体育课结束部分的游戏环节时，被同班学生曹某伸腿绊倒，致使原告右肘受伤，在场的体育老师周某明感觉杨某的伤无大碍，未立即送医，后原告被家长送到通辽市科尔沁区第一人民医院住院治疗 8 天，原告的伤诊断为：右肱骨髁上粉碎性骨折，右肘关节脱位，右上臂尺神经损伤，支出医疗费 10813.06 元，出院后在查日苏卫生院换药支出 150 元，去通辽市复查支出 200 元。在原告住院期间被告查日苏中心校给付医疗费 5000 元，出院后原告方多次找被告方协商未果，故诉至法院要求被告方赔偿医疗费、护理费、交通费、住院伙食补助

---

① 案例来源于 openlaw 裁判文书网：http://openlaw.cn/judgement/035178ca30f949c1b075afc46aeb3421。

费、伤残赔偿金、精神损害抚慰金、鉴定费用等合计 51645.06 元。

案件分析：体育课属于学校组织的教育教学活动，被告查日苏中心校在上课期间组织学生做游戏时未对学生进行相应的安全教育，未能证明尽到了教育、管理职责，导致原告杨某被他人绊倒受伤，在场的体育老师周某明感觉杨某的伤无大碍，未立即送医，原告杨某放学被家长发现后才送医就诊，导致原告延误治疗，被告查日苏中心校应承担主要责任，赔偿原告杨某损失的 70%。被告曹某事发时虽为无民事行为能力人，但对其行为的危险性已具有了一定的识别能力，应当预见到其行为有可能造成原告杨某受伤，故被告曹某应赔偿原告杨某损失的 30%。被告曹某文作为被告曹某的法定监护人，依法应对其造成的损害承担侵权责任。

案例中学生因未及时就医导致延误治疗，伤情加重，体育教师对此应承担相应责任。与此同时，究其根源为学校的安全健康教育工作不到位，医护人员的教育责任未有履行。相反，若学校的应急处理做得好，将会在一定程度上减轻伤害，挽救生命。

案例 10[①]

事件回顾：2012 年 10 月 11 日 15 时许，原告参加被告组织的学校秋季田径运动会男子 4×300 米接力赛时，跑了约 150 米意外摔倒，随即爬起来跑了没几步，再次摔倒，后不再动弹。校领导、校医及班主任迅速赶到现场，见原告病情严重，随即拨打"120"求救，同时轻拍、大声呼唤，但何某甲很快出现休克症状，校医立即对其进行心肺复苏。后原告被"120"接送到莱西市中医医院抢救治疗，经诊断：猝死、心脏骤停、心肺复苏术后，为此支出抢救费 2969.43 元。当晚，原告转至莱西市人民医院治疗，经诊断：心肺复苏术后、代谢性酸中毒、低血压症。10 月 12 日，该院建议转至上级医院进

---

① 案例来源于 openlaw 裁判文书网：http://openlaw.cn/judgement/40a066578c3f49eaa686de7b441c21ec。

一步治疗，为此支出医疗费 5121.4 元。10 月 12 日下午 4 点，青岛急救中心救护车将原告送至青岛大学医学院附属医院，为此支出急救费用 2900 元。后该院诊断：猝死、心肺脑复苏术后、缺血缺氧性脑病后遗症。原告于 2013 年 6 月 27 日出院。出院情况：患者生命体征平稳，仍无自发语言，可在两人辅助下行走，大小便失禁。查体：患者呈小意识状态，高级智能严重低下，能哭、笑，双瞳孔等大等圆，直径约 3mm，对光反射存在，视威胁有眨眼反应，眼眶有疼痛反应，眼球经常有追踪，可经口进食，无呛咳，四肢肌张力稍高，右上肢肌力 0 级，左上肢肌力 3 级，余肢体肌力查体不配合，肢体不自主运动，共济运动不能查，双侧巴氏征阳性，脑膜刺激征阳性。患者生活无法自理，需两人看护照顾。出院医嘱：注意看护，加强营养；继续康复训练，促进肢体活动、意识范围扩大；不适随诊。

案件分析：校医隋某某原系部队卫生员，曾接受部队培训，其转业后到莱西市某中学任校医，并于 2010 年 4 月接受山东省卫生协会的培训。隋某某持有莱西市人力资源与保障局于 2011 年 12 月 30 日颁发的卫生防疫、妇幼工种初级证书。原告在中医医院、市人民医院抢救过程中，医疗专家对原告受到的初期救护给予了肯定。原告受伤时已年满 14 周岁，可以进行与其年龄、智力相适应的民事活动，原告参加正常的体育活动本身无过错。被告组织未成年学生开展校运动会比赛，是一项正常的符合教育部相关规定的教学活动，运动会比赛活动本身具有对抗性和激烈性，原告在运动会中受伤，被告在原告受伤后采取了一系列积极的救治措施。原告没有充分证据证明学校在校运动会组织过程中存在教育和管理上的过错，或未尽适当安全防护措施。因此，本案原、被告均不存在过错。鉴于本案的情况，双方当事人对造成的损害均没有过错。但为保护未成年受害人的利益，从社会公平的角度出发，依照法律规定，可以适用公平责任原则。本案原告因参加校运动会而导致身体受到严重伤害，与被告具有关联度，让其分担损失也具有合理性，平衡了双方当事人利益，考虑到被告系九年义务制非营利学校。被告应对原告的合理经济损失给予适当补偿，公平分担原告的损失以 30% 比例为宜。

由案例 10 发生的体育伤害事故可以看出，及时有效的医疗手段在一定程度上能够延缓体育伤害事故的恶化。救治猝死人员的黄金时间只有 5 分钟，本案原告在校运会上突然倒地出现休克，校医及时有效的心肺复苏及时挽救了原告的生命。这充分表明了医疗保障在学校体育运动中的重要性。本书选取的案例中因医疗器械和医疗能力的缺失而导致伤情加重、运动猝死的体育伤害事故占总案例的 5%，对于学校体育风险管理具有极大的警示作用。

气候风险在学校体育风险因素中的伤亡率达 2.5% 左右，多发为雨雪天气，因地面积水、积雪或结冰而引发学校体育伤害事故。引起体育伤害事故的天气状况主要有：雨雪大气、雾霾大气、高温大气和沙尘大气。

案例 11①

事件回顾：2017 年 3 月 23 日下午，因该天下了点细雨，原告在上体育课跳远时摔伤，蹲在地上疼痛难忍，学校老师发现后就打电话通知原告父母，其父母急忙用电动车把原告送到林州第二人民医院诊治，经诊断右肱骨髁间骨折，构成十级伤残。随住院治疗，在医院花去医疗费 5000 余元，住院 9 天。住院期间，原告父母多次找学校要求解决有关受伤赔偿事宜，学校拒绝赔偿，原告在上学时，学校给其投保险一份，原告在学校受伤，保险公司应在保险范围内承担赔偿责任，原告为了维护自己的合法权益，只好将二被告诉至法院。

案件分析：原告系限制民事行为能力人，在被告林州市第七中学上体育课期间造成人身损害，根据《中华人民共和国侵权责任法》第三十九条的规定，限制民事行为能力人在学校或者其他教育机构学习、生活期间受到人身损害，学校或者其他教育机构未尽到教育、管理职责的，应当承担责任。被告林州市第七中学应对原告在校期间的学习承担安全保护及教育管理责任，而被告林州市第七中学明知雨后跑道湿滑有危险，没有采取足够的安全防护措施，导致原告受伤，应承担 70% 责任。林州市第七中学可在赔偿原告后再

---

① 案例来源于 openlaw 裁判文书网：http://openlaw.cn/judgement/5eaffe24953b489e87a36d61027e0f1b。

按保险合同向被告中国平安财产保险有限责任公司河南分公司主张。原告受伤时 15 周岁，应有的相应安全防护意识和能力，对自身的损害，由其监护人承担 30% 的责任。

如何在恶劣天气的情况下上好一节体育课是体育教师们必须关注和重视的问题。在恶劣天气发生时，科学开展体育教学，在一定程度上可以预防体育伤害事故的发生。

案例 12[①]

事件回放：2014 年 12 月 1 日，原告在学校操场上体育课时，因地面有雪，导致原告摔倒，原告一颗上前门牙摔断。原告受伤后，在吉大二院进行治疗，花医疗费 1281.28 元，因原告牙齿已更换完毕，系恒牙，需要定期更换，经吉林大学司法鉴定中心鉴定，一次修复费用为 900 元，18 岁前 2 年更换一次，18 岁后 5 年更换一次，按照全国平均寿命 74 岁计算，原告共需要更换 16 次，需要修复费用 14400 元。

案例分析：此案例中学生因地面有积雪摔倒而受伤，在学校体育课中，气候环境恶劣，地面有积水或积雪时，很容易出现学生伤害事故。但这种环境带来的风险因素是可以通过人为去避免的，在这种情况下体育老师应随机应变，根据情况改变教学场地进行。

通过上述案例可以看出，学校体育环境风险中场地环境风险占据了重要部分。地面有积水、积雪、杂物，地面凹凸不平等都会造成一定的风险伤害事故，而这种环境因素带来的风险因素可以通过人为避免。因此，学校应重视环境因素带来的安全隐患，体育老师应该随机应变，根据环境情况调整教学场地，保障体育教学活动的安全进行。

[①]　案例来源于 openlaw 裁判文书网：http://openlaw.cn/judgement/f9997574980d47a2ab1d776893e831fe。

除以上物质风险和气候风险之外，心理环境风险作为学校体育环境风险中的一环，本书称其为"软环境"，也是环境风险的重要因素。心理环境风险是指某一学校在进行体育活动过程中的课堂氛围以及体育传统和风气为学生带来的无形的环境影响，如学校对体育课的重视程度，学校体育文化的建设，体育课堂的安全教育知识，正确的体育意识和行为习惯的培养，学校体育周或体育节举办的体育活动中安全知识的宣讲等。总的来说，心理环境依靠学校及教师有形或无形的传递和熏陶，从而对学校体育运动的风险防控起到有效的预防作用。本书收集的案例中，由于教师安全教育不到位等造成的体育伤害事故案例占总案例的 35.6%，可见"软环境"是学校体育环境风险管理中极为重要的一环。

三、组织管理风险

组织管理风险是学校体育风险中的一大风险源，其包括教师课堂教学组织管理中的医务监督、紧急处理计划、风险管理计划、安全制度、管理制度的制定和实施等。

医务监督是指用医学的知识和方法，对体育参加者的健康和机能进行监护，预防锻炼中各种有害因素可能对身体造成的危害，督导和协助科学的锻炼和训练，使之符合人体生理和机能的发展规律。通过医务监督，能更有效地运用体育的手段，促进体育活动参加者的身体发育，增进健康和提高运动技术水平；能培养科学的体育锻炼方法和良好的卫生习惯，遵守体育锻炼的卫生原则，避免与减少运动伤病的发生；保证体育教学和运动训练的顺利进行。在不同的体育情境下，医务监督的内容不尽相同。

对体育课的医务监督是以学生的健康状况、身体发育状况、生理功能状况、运动史和身体素质状况为依据进行健康分组。健康分组分别将身体发育及健康状况无异常者或轻微异常者划分为基本组，要求该组学生正常进行锻炼并达到体育锻炼标准；将身体发育和健康状况轻微异常，较少参加体育活动且身体素质较差者编入准备组，为该组学生放慢教学进度和降低运动强度；将身体发育不良或健康状况明显异常，不能按体育大纲要求进行活动者编入医疗体育组，帮助该组学生治疗疾病，恢复健康。

对课外活动的医务监督可分为早锻炼(又称早操)和大课间,具体参见表 4-3。

表 4-3 早锻炼及大课间医务监督

	时间段	依据	运动项目	运动强度与负荷	运动时长	注意事项	作 用
早锻炼	上午第一节课前	年龄、性别、健康状况、季节	广播操、慢跑、武术、跳绳等	身体发热、微微出汗,心率控制在150次/分钟以内	20~30分钟	及时止汗,预防感冒;不能马上进食	激活身体,提高学习效率,增强新陈代谢,提高机体工作能力,促进身体健康,增强体质
大课间	上午第二节课后或上、下午第二节课后	学校特色、学生的身心发展规律	篮球、排球、羽毛球、呼啦圈、慢跑、拔河、踢毽子等	身体发热,微微出汗,面部微红	30~45分钟	集体参与,保证秩序,安排放松活动	消除久坐疲劳,预防身体畸形发育,缓解紧张的学习氛围

体格检查的医务监督:形态测量和功能检查是体格检查比较直观的身体状况分析,体格检查涵盖的内容广,只有在清晰地掌握学生身体状况的情况下,对于学生的健康分组才有可能成形,对于体育风险的规避才能高效,才能有机会获得最大的安全保障。体格检查的内容如表 4-4 所示。

表 4-4 体格检查

测量类型	测 量 内 容
形态测量	体重、身高,胸、颈、腰围等
功能检查	运动系统(肌力、关节活动度、柔韧性);心血管系统;呼吸系统(肺活量等);神经系统;消化系统;泌尿系统等

体育比赛中的医务监督。体育比赛过程中的医务监督可分为三类：赛前医务监督、赛中医务监督、赛后医务监督，具体如表4-5所示。

表4-5　　　　　　　　　　　　体育比赛中的医务监督

时间	医务监督内容
赛前	检查身体、计划赛程、比赛准备
赛中	赛场急救、规范比赛、营养补给
赛后	赛后体检、疲劳恢复、身体调整

风险具有两面性，积极的体育风险能够帮助学生在进行体育运动时规避体育伤害，消极的体育风险会增加学生在进行体育运动时受伤的风险。良好的医务监督能够帮助教师了解学生的身体状况，对症下药。

案例 13[①]

事件回放：原告系被告五年级在校学生。2016年9月1日下午16时许，在被告校内操场，教师组织包括原告在内的学生上体育课时背向跑，因组织失当，导致原告等多名同学相互碰撞摔倒，原告左臂桡骨骨折。后原告经北京市平谷区医院及北京积水潭医院治疗，给原告带来医疗费、护理费、交通费等各项经济损失，且造成原告巨大的人身痛苦。事发后，原告及家属与被告协商赔偿事宜未果，故诉至本院，请求依法判决。

案例分析：教师组织管理能力的强弱是学校体育风险中的一大风险源，教师在体育课上组织有序可在很大程度上降低风险伤害事故的发生。此案例中教师组织包括原告在内的学生上体育课时背向跑，因组织不当，导致原告等多名同学相互碰撞摔倒，造成原告左臂桡骨骨折。在此情况下，学校应当承担相应赔偿责任。

---

① 案例来源于 openlaw 裁判文书网：http://openlaw.cn/judgement/d294809a5332409a9bc31eac3e53c384。

从上述案例可以看出教师的组织管理能力十分重要，同时，在组织不当造成学生受伤后，应及时做好紧急处理方案，减小学生的受伤害程度，避免给学生和家长造成进一步的伤害。

学校体育活动应急预案是指面对体育活动中的突发事件如运动损伤、意外伤害及人为破坏的应急管理、指挥、救援计划等。应急预案针对的是在学校体育运动过程中存在的有形的或无形的安全隐患。冬奥会对赛事的比赛场馆、运动项目、工作人员、运动员、教练员和裁判员等都进行了风险识别与风险评估，明确了责任部门，建立了防控措施，完善应急准备，制定了一套完整的应急管理体系，包括场馆的配套设施设计，项目建设、冬奥会人才培养、住宿保障、餐饮保障、医疗保障、交通保障、无障碍建设等，进而全面提高风险防范和管控能力。学校体育活动中应急管理的缺失很容易引发学校体育伤害事故的发生。

案例 14[①]

事件回顾：2015 年 12 月 14 日下午上体育课期间，学生周某被学校楼房屋檐上掉下的水泥块砸中头部受伤。学生周某经救护车送往沙河店镇医院抢救后，当天入住驻马店市中心医院治疗，诊断为：（1）头外伤，左侧颞叶脑挫裂伤，左侧颞叶顶骨粉碎性骨折，左侧头皮多发撕裂伤。（2）左手皮肤撕裂伤。（3）全身多处软组织损伤。据调查，2015 年 1 月 1 日，学生周某所在的沙西小学作为投保人在人保财险驻马店公司投保校园责任保险，保险期限自 2015 年 1 月 1 日零时起至 2015 年 12 月 31 日二十四时止。学生周某受伤后沙西学校已经垫付医疗费、药费 26480.64 元和住院期间的生活费、护理费、旅店住宿费等 6000 余元；人保财险驻马店公司已赔付学生周某医疗费 21805.93 元、伤残费 25868.8 元。

案例分析：从以上案例得知，学校楼房屋檐上的水泥块为暴露在外的风险，该水泥块属于有形的风险，是看得见的风险。该风险因素未受到重视，

---

①　案例来源于 openlaw 裁判文书网：http://openlaw.cn/judgement/a28e0d8997c042359712 97fe2054815c。

导致了风险事故的发生，学校房檐上水泥块的掉落造成学生周某全身多处损伤，支付的医疗费用超过 8 万元。学校为其投保的校园责任保险承担了一部分风险损失。

从以上案例分析得知，案中的学校购买了校园责任保险，并在风险发生后，积极采取了一定的应急措施，在学生发生突发情况后及时送医抢救治，降低了一定的损失，但由于事故发生前未做到体育场所周边环境的排查，导致了学校体育事故的发生，也使学生遭受了无法挽回的损失。

风险管理计划是一系列不可分割的链条，在风险管理计划制定时，若对某一风险认识不足，或识别不清，导致链条的其中一个环节断裂，就无法成功进行风险的预判和防控措施的制定。

四、意外事故风险

意外事故是指行为人的行为虽然在客观上造成了损害结果，但不是出于行为人的故意或者过失，而是出于不能抗拒或者不能预见的原因。在学校体育运动过程中，天气的变化、气象灾害的发生是引起学校体育伤害不可抗拒的因素。大雪、冰冻、低温、高温热浪、暴风雨、雷电、冰雹等恶劣天气可能会意外引发体育运动中的伤害事故，另外，地震、泥石流、洪水等气象灾害的突发对体育伤害事故的发生也存在不可预见性。

第三节　学校体育不同领域风险源识别

学校体育按照不同领域可分为体育课、课外体育活动、学校训练队和体育竞赛，其共同承担着学校体育不同领域的教学任务和目标，但不同领域又呈现出不同的特征。在以上风险致因分析的基础上，本书结合不同领域的特点剖析了学校体育不同领域的风险源，构建学校体育不同领域风险识别指标体系。

为了全面识别学校体育各领域风险因子，通过文献资料收集梳理、案例剖析和学校实地调查，初步确定了影响学校体育各领域开展的风险源，按照学校体育各领域风险因子的事物属性，将学校体育风险源分成了人员风险、组织管理风险、场地设施风险及外部环境等大类，拟定了准则层和三级指标。在此基础上，运用德尔菲法，经过两轮问卷调查，对初步确定的风险指标进行修订，最终形成学校体育各领域风险指标体系。

一、学校体育课风险源识别

体育课是学校体育的主要形式，是对学生进行系统的体育技术指导、帮助学生掌握体育健康知识最直接的、学生受众最广的体育形式；是落实立德树人根本任务、切实提高学生体质健康水平、促进学生全面发展的最有效途径。它的设计是有依据、有计划、有目的的。学校体育课的风险识别旨在依据学校体育课特点，对学生体育课可能会发生的对其身体健康造成伤害或造成一定金额损失的风险因素进行排查、归类与分析。

根据教学大纲中的体育教学目标和教学内容等，体育课包括体育理论课和体育实践课，其中体育实践课是体育课程的主要内容，通过体育实践课，学生能够通过模仿、练习、提高等，获得体育运动基本技术的直接或间接经验。根据课程计划对课程实施的要求，体育课又分为体育必修课与选修课，其中，体育必修课是国家、地方和学校的硬性要求，学生必须参加学习以获得学分，其目的在于增强学生体质，培养学生的运动能力；体育选修课则多出现在一些有条件的中学及大学当中，为满足学生的个人兴趣爱好或就业需要，培养学生个性发展等开设。依据课程编写主体，体育课可划分为国家课程、地方课程以及校本课程，如南方学校多开设游泳课，北方学校多开设滑雪、滑冰等课程，具有地域特性。

一堂体育课得以开展是由诸多的因素构成的，包括体育环境(场所、体育设备与器材、天气、体育课传统与氛围)、教师、教材、学生、管理人员以及医疗人员等。其中，体育环境包含物质环境(如场地、器材)和心理环境(如教师与学生、学生与学生之间)；体育场所、体育器材和设备是暴露在外的风险因素；教师与学生、学生与学生之间的心理环境是隐藏在内部的风险因素。

课题基于对相关案例的剖析和调查问卷统计，构建学校体育课风险识别指标体系如表4-6所示。

表 4-6 学校体育课风险指标体系

目标层	准则层 1	准则层 2	指 标
学校体育课风险指标体系	A 人员风险	A1 学校体育负责人	A11 重视程度(对学校体育课认识及重视程度等)
			A12 组织协调能力(统筹安排和学校体育风险监管能力等)
		A2 教师	A21 风险认知能力(安全防范意识、安全预见性及危险警示性认知、体育安全常识等)
			A22 教师素养(履职尽责、言行得当等)
			A23 风险防范及应对能力(安全急救能力、风险洞察能力、风险应对能力等)
		A3 学生	A31 风险认知和防范能力(风险认知和防范应对能力、身体状况认知及汇报等)
			A32 课堂行为(服装得当、遵守课堂纪律、动作规范、使用器材得当、言行得当、无主观故意行为等)
			A33 身体状况(无特殊疾病、运动损伤及不良身体状态等)
			A34 心理因素(心理状态、理性对待突发状况等)
	B 组织管理风险	B1 学校体育管理	B11 教育与培训管理(学校、教师、学生安全教育活动和培训的开展等)
			B12 应急预案(突发意外、纠纷解决方案等)
			B13 伤害事故防范(购买保险、签订合同等)
			B14 教学质量监控(教学常规及质量检查监督等)
		B2 教学组织管理	B21 教学设计(教学安排科学合理、教学教法严谨、运动负荷和练习密度适度、选址合理等)
			B22 教学组织(教师尽职尽责、安全讲解及监督到位、组织有序严格等)
			B23 应急保障(事故处理及时有序等)
		B3 医务监督管理	B31 医务监督保障(学校卫生保健制度、学生健康档案建立与核查、体检与心理测评工作、医务人员配备及专业水平、专业急救设备配备等)
			B32 急救措施(措施及时、措施合理科学等)

续表

目标层	准则层1	准则层2	指　　标
学校体育课风险指标体系	C 场地设施风险	C1 质量保障	C11 质量安全(教学设施、设备符合国家规定安全卫生标准、无安全隐患等)
		C2 监督管理	C21 监督管理(场地、场馆、器材及急救设备等定期检查和安全隐患排查等)
		C3 专业化程度	C31 设施设备数量配备(场地、器材、信息技术设备、急救设备等)
			C32 场地、器材、设施项目专业化程度
	D 外部环境风险	D1 自然环境	D11 气候地理条件(恶劣天气、地震、台风、泥石流、流行性疾病、高温天气、寒冷天气等)
		D2 人文环境	D21 校园体育文化和氛围
		D3 公共卫生环境	D31 公共卫生事件

二、学校运动队训练风险识别

学校运动队训练是培养优秀体育后备人才的体育组织形式，是选拔体育特长生并对其进行系统化培养的过程。运动队训练与体育竞赛挂钩，在训练强度及练习密度上远大于体育课，对从事体育训练学生的体能条件、身体状况以及运动能力具有较高的要求。新时期的学校运动队训练，更应注重对学生身心健康的培养，推进体教融合。学校运动队训练存在以下风险因素：

(1)学校运动队训练的人员保障。学生的训练准备(训练服装适宜得体、热身充分)、风险认知与防控能力(训练队风险认知与防控应对能力、及时报告不良身体状况)、训练行为(训练态度端正、按要求正确使用体育器材、言行得当、无主观故意行为)、队伍纪律(纪律严明、不追逐打闹)、身体状况(无特殊疾病、运动损伤及不良身体状态)、心理因素(心理状态、理性对待突发状况)；教练是否具备训练知识与素养，训练计划是否合理，训练目标是否明确，训练体系是否完整科学，是否依据学生的身心发展水平制定；学校管理层对于体育训练的重视程度等是保障学校课外体育训练正常开展的重要因素。

（2）学校运动队训练的组织管理保障。运动队管理中，安全教育（对学生及教练员、体育设施设备的管理人员的安全教育等）、应急预案（突发意外、训练场馆管理等）、伤害事故防范；训练组织中，训练计划（训练安排合理、训练计划科学、训练内容符合学生生长发育特点、动作示范准确、运动负荷把控严密、督促学生进行放松活动、关注训练后不正确的进食和洗浴问题等）、训练纪律、应急预案（应急措施及时、合理、科学等）；医务监督中，医务监督保障（学校卫生保健制度、运动员健康档案建立与核查、体检与心理测评工作、医务人员配备及专业水平、专业急救设备配备等）、急救措施（措施及时、措施合理科学等）是保障学校课外体育训练正常开展的重要因素。

（3）学校运动队训练的环境保障。学校运动队训练环境存在特殊性，运动训练是持续的、长期的、不可间断的训练，学生运动员需要具备在恶劣环境下的应变能力。因此，对内外部环境的建设、监督、管理是必要的。场地设施风险中，质量保障（场地器材设施符合国家标准、无安全隐患等）、监督管理（场地、场馆、器材及急救设备等定期检查和安全隐患排查等）、专业化程度（场地、器材、信息技术设备、急救设备等设施设备数量配备和专业化程度等）；自然环境（恶劣天气、地震、台风、泥石流、流行性疾病、高温天气、寒冷天气等气候地理条件）；人文环境（学校训练队的体育氛围，公共卫生环境，公共卫生事件）是保障学校课外体育训练正常开展的重要因素。

通过剖析学校运动队训练的风险源，构建学校运动队训练风险识别指标体系如表4-7所示。

表4-7　　　　　　　　学校运动队训练风险指标体系

目标层	准则层1	准则层2	指　标
学校运动队训练风险	A人员风险	A1管理层	A11重视程度（对运动队的认识和重视程度等）
			A12队伍建设能力（运动队的训练目标和规划等）
			A13组织实施能力（统筹安排和训练队风险监管能力等）

续表

目标层	准则层1	准则层2	指标
学校运动队训练风险	A 人员风险	A2 教练员	A21 运动员了解程度(了解运动员参加项目、身体条件、心理状况、家庭情况、学习能力等)
			A22 数量配备(根据项目或年级配备的教练员数量等)
			A23 风险认知能力(准备活动充分、训练内容符合学生身心发展特点、安全知识讲解、体育场馆设施检查等)
			A24 专业素养(尽职履责、制定严格队伍纪律、训练计划、训练内容、严格把控训练量等)
			A25 风险应对能力(安全急救能力、洞察能力、风险应对能力等)
		A3 运动员	A31 训练准备(训练服装适宜得体、热身充分等)
			A32 风险认知与防控能力(训练风险认知与防控应对能力、及时报告不良身体状况等)
			A33 训练行为(训练态度端正、按要求正确使用体育器材、言行得当、无主观故意行为等)
			A34 队伍纪律(纪律严明、不追逐打闹等)
			A35 身体状况(无特殊疾病、运动损伤或不良身体状态等)
			A36 心理因素(心理状态、理性对待突发状况等)
	B 组织管理风险	B1 运动队管理	B11 安全教育(对学生及教练员、体育设施设备管理人员的安全教育等)
			B12 应急预案(突发意外、事故处理及时有序等)
			B13 伤害事故防范(购买保险、签订合同等)
		B2 训练组织	B21 训练计划(训练安排合理、训练计划科学、训练内容符合学生生长发育特点、动作示范准确、运动负荷把控严密、督促学生进行放松活动、关注训练后不正确的进食和洗浴问题等)
			B22 训练纪律
			B23 应急预案(应急措施及时、合理、科学)
		B3 医务监督	B31 医务监督保障(学校卫生保健制度、运动员健康档案建立与核查、体检与心理测评工作、医务人员配备及专业水平、专业急救设备配备等)
			B32 急救措施(措施及时、措施合理科学等)

续表

目标层	准则层 1	准则层 2	指　　标
学校运动队训练风险	C 场地设施风险	C1 质量保障	C11 质量安全(场地器材设施符合国家标准、无安全隐患等)
		C2 监督管理	C21 监督管理(场地、场馆、器材及急救设备等定期检查和安全隐患排查等)
		C3 专业化程度	C31 设施设备数量配备(场地、器材、信息技术设备、急救设备等)
			C32 场地、器材、设施项目专业化程度
	D 外部环境风险	D1 自然环境	D11 气候地理条件(恶劣天气、地震、台风、泥石流、流行性疾病、高温天气、寒冷天气等)
		D2 人文环境	D21 学校训练队体育氛围
		D3 公共卫生环境	D31 公共卫生事件

三、学校课外体育活动风险识别

学校课外体育活动是相对于体育课而言，在规定学习时间以外，利用闲暇时间开展的体育活动，它是一种对体育课的补充，是以增强学生体质、丰富学生课余生活、减轻学习压力和养成良好运动习惯为目的的，有计划、有组织的体育活动。2017 年最新修订的《学校体育工作条例》对课外体育活动有了明确的规定，要求中小学、农业中学和职业中学应该每天安排课间操，每周安排三次以上课外体育活动，保证学生每天有一小时体育活动的时间(含体育课)。学校课外体育活动主要包括课间活动、课外活动以及校内体育俱乐部等类型，具体如表 4-8 所示。

表 4-8　　　　　　　　　学校课外体育活动类型

类型	特　　点
课间活动	缓解学生紧张的学习任务，促进血液流通，提高学习效率
课外活动	具有群体性、可协调性、自主选择性
校内体育俱乐部	新兴的课外体育组织形式，学生可根据自己的特长及兴趣自主选择

课外体育活动的特点对课外体育活动的开展以及课外体育风险识别有重要影响：①选择性。学校可以根据年级、班级或者小组等不同形式开展不同的课外体育活动；学生可以根据自身的兴趣选择是否参加其他的课余活动，或选择参加某一项自己喜爱的体育活动。②补充性：这一特点是对课外体育活动定义的合理诠释，一些尚未纳入体育教学计划以及课程内容的体育活动，学校可选择作为课外体育活动的内容。③多样性：课外体育活动的开展不受教学大纲的限制，凡是利于学生身心健康的体育运动，学校都可以安排学生参与进来。

学校课外体育活动的特点决定了其风险源的不确定性。本书筛选出课外体育中发生事故的场景，以此分析学校课外体育的风险因素。与学校体育课不同，学校课外体育活动发生的范围相对较广，除了学校专门的体育场馆外，学校教学楼以及开阔地都增加了学校课外体育风险的因素。具体如表4-9所示。

表4-9   学校课外体育事故多发场景

场　　　景	小学	中学
运动场（田径场、篮球场等）	17	22
教学楼	13	15
其他（开阔水泥地等）	10	2

本书通过梳理案例以及专家识别结果，总结归纳课外体育锻炼有以下风险源：

（1）人员风险。学校课外体育人员风险主要集中在学校管理者对课外体育活动的重视程度、对课外体育的协调组织与监控能力；参与学生的身体状况、道德水平、是否能理性对待突发状况等；组织者的专业素养、组织水平以及风险防范意识等。

（2）组织管理风险。课外体育参与人群较广、课外活动多样，使其对组织管理的规范性有更高的要求。规范的、有计划的组织管理可以让课外体育活动更有安全保障。

（3）场地设施与外部环境风险。课外体育对场地设施和外部环境也有较高的要求，有安全保障的场地设施会大大降低参与课外体育活动的风险事故发生的概率。另外，课外体育受外部环境影响较大，恶劣天气、地震、台风、泥石流、流行性疾病、选址等都会增大风险事故发生的可能性。

通过剖析学校课外体育的风险源，构建学校课外体育风险识别指标体系如表4-10所示。

表4-10　　　　　　　　　　学校课外体育活动风险指标体系

目标层	准则层1	准则层2	指　　标
课外体育活动风险	A人员风险	A1 管理者	A11 重视程度(对课外体育活动认识和重视程度等)
			A12 组织协调能力(统筹安排和协调监控的能力等)
		A2 参与学生	A21 身体状况(无特殊疾病、运动损伤和不良身体状态等)
			A22 道德与心理素质(遵纪守法、衣着得体、言行得当、良好心态等)
			A23 积极理性参与(积极参与、理性对待突发状况等)
			A24 参与水平(动作规范、运用得当等)
			A25 风险防范能力(风险认知和防范应对能力等)
		A3 组织者	A31 道德与心理素质(公平公正、执行规则、言行得当等)
			A32 专业素养(专业水平、风格等)
			A33 组织水平(执行及应对水平,秩序有序等)
			A34 风险防范能力(风险认知和防范应对能力等)

续表

目标层	准则层 1	准则层 2	指　　标
课外体育活动风险	B 组织管理	B1 计划筹备	B11 活动安排(报备审批、活动制定、人员配备、场地安排等)
			B12 培训与健康管理(活动培训、学生健康档案建立与核查、体检与心理测评等)
			B13 应急预案(突发意外、纠纷解决方案、交通等)
			B14 伤害事故防范(购买保险、签订合同等)
		B2 现场组织	B21 管理层统筹协调监控
			B22 人员履职规范秩序(裁判员、教练员及安保与相关工作工作人员尽职尽责等)
	C 场地设施风险	C1 质量保障	C11 质量安全(场地器材设施符合国家标准、无安全隐患等)
		C2 监督管理	C21 监督管理(场地、场馆、器材及急救设备等定期检查和安全隐患排查等)
		C3 专业化程度	C31 设施设备数量配备(场地、器材、信息技术设备、急救设备等)
			C32 场地、器材、设施项目专业化程度
	D 外部环境风险	D1 自然环境	D11 气候地理条件(恶劣天气、地震、台风、泥石流、流行性疾病、选址等)
		D2 人文环境	D21 课外体育竞赛传统与氛围
		D3 公共卫生环境	D31 公共卫生事件

四、学校体育竞赛风险识别

随着新时期学校体育工作对人才"核心素养"培养战略地位的逐步确立，学校体育竞赛的安全、有序、常态发展成为新时期各级各类学校体育治理创新的重中之重。如何针对新形势下的学校体育竞赛组织管理现状，有效实现学校体育竞赛风险防控与应对，突破学校体育竞赛风险管理桎梏，成为全面夯实且深入推进学校体育工作的重要议题。2016 年，国务院办公厅关于《强化学校体育促进学生身心健康全面发展的意见（国办发〔2016〕27 号）》文件中明确指出，学校体育应"完善竞赛体系，建设常态化的校园体育竞赛机制。通过丰富多彩的校园体育竞赛，吸引广大学生积极参加体育锻炼"。但是，体育竞赛中发生的蓄意伤害、意外事故、暴力斗殴等风险事故严重制约了学校体育竞赛健康、有序、常态发展。

学校体育竞赛风险事件的产生可能是由不同或多重的风险源导致，主要包括以下风险因素：

（1）学校体育竞赛人员风险。人员风险是学校体育竞赛风险中的重要影响因素之一。校方管理层、学校体育负责人等对学校体育竞赛的认知与重视程度与学校体育竞赛组织管理的规范度密切相关，其良好的组织协调能力亦是学校体育竞赛顺利开展的重要保证。学生运动员是各类学校体育竞赛的主体，也是校园体育竞赛风险甚至暴力事件的最主要涉事群体，其比赛时的身体状况、道德与心理素质、理性对待突发状况的能力及其技战术水平都是造成学校体育竞赛风险事件发生的重要因素。体育专业技术人员、裁判员和教练员，在学校体育竞赛中直接参与竞赛组织与场上管理，裁判员的公正执法、教练员的得当指导及其高尚的职业素养能够积极引导学生公平竞技，能为学校体育竞赛的顺利进行营造良好的竞赛氛围。此外，观众作为学校体育竞赛中往往人数众多，规模最大的受众，其场上过激的言行和行为很容易激发场上矛盾，从而引发风险事件。

（2）学校体育竞赛组织管理风险。学校体育竞赛运行的计划筹备、现场运行和后勤保障等组织管理风险也是重要影响因素之一。赛前的竞赛安排、培训与健康管理、各种应急预案的制定和伤害事故处理办法等是学校体育竞赛正常开展的前提；赛中，管理层的统筹协调监控、各参与人员的履职尽责以及筹备方案的规范执行是现场运行的保障；赛后，各参与人员的有序离场和疏散、场地的有序清理等是赛后控制的重要考虑因素。此外，相关场地器材使用、信息技术应用必须为学校体育竞赛的顺利进行提供最基本的后勤保障。

（3）学校体育竞赛场地设施风险。场地设施等静态环境风险一旦发生影响较大，但属于风险可控因素。场地设施建设质量是否符合国家标准，有无安全隐患场馆，数量配备是否齐全，是否能达到比赛的专业化程度需求都是学校体育竞赛风险的重要影响因素，如球门立柱或横梁因使用时间过长且未及时维护出现氧化生锈在比赛过程中发生断裂、篮球架篮板螺丝松动意外坠落砸伤比赛学生、单双杠松动发生摇晃使学生摔伤等。制定相对完善的场地及器材维护制度并有效实施，能够最大限度地避免风险事件的发生。

（4）学校体育竞赛外部环境风险。学校体育竞赛外部环境风险主要包括天气状况、温度、自然灾害、意外事故等，一般属于动态环境风险，是难以预测或无法避免的。其中，天气包括大风、雨雪、雷电等；自然灾害包括泥石流、地震、海啸、疫病等。除自然环境外的学校体育竞赛传统与风尚等人文环境某种程度上反映出学校体育竞赛风险防范的底蕴。

通过剖析学校体育竞赛的风险源，构建学校体育竞赛风险识别指标体系如表4-11所示。

表 4-11　　　　　　　　　　学校体育竞赛风险指标体系

目标层	准则层 1	准则层 2	指　　标
学校体育竞赛风险	A 人员风险	A1 学校体育负责人	A11 重视程度（对学校体育竞赛的认识和重视程度）
			A12 组织协调能力（统筹安排和协调监控的能力等）
		A2 运动员	A21 身体状况（无特殊疾病、运动损伤和不良身体状态等）
			A22 道德与心理素质（遵纪守法、衣着得体、言行得当、良好心态等）
			A23 积极理性参与（积极参与、理性对待突发状况等）
			A24 参与水平（动作规范、运用得当等）
			A25 风险防范能力（风险认知和防范应对能力等）
		A3 裁判员和教练员	A31 道德与心理素质（公平公正、执行规则、言行得当等）
			A32 专业素养（专业水平、风格等）
			A33 组织水平（执行及应对水平，秩序有序等）
			A34 风险防范能力（风险认知和防范应对能力等）

续表

目标层	准则层 1	准则层 2	指 标
学校体育竞赛风险	B 组织管理	B1 计划筹备	B11 活动安排（报备审批、活动制定、人员配备、场地安排等）
			B12 培训与健康管理（活动培训、学生健康档案建立与核查、体检与心理测评等）
			B13 应急预案（突发意外、纠纷解决方案、交通等）
			B14 伤害事故防范（购买保险、签订合同等）
		B2 现场组织	B21 管理层统筹协调监控
			B22 人员履职规范秩序（裁判员、教练员及安保与相关工作工作人员尽职尽责等）
	C 场地设施风险	C1 质量保障	C11 质量安全（场地器材设施符合国家标准、无安全隐患等）
		C2 监督管理	C21 监督管理（场地、场馆、器材及急救设备等定期检查和安全隐患排查等）
		C3 专业化程度	C31 设施设备数量配备（场地、器材、信息技术设备、急救设备等）
			C32 场地、器材、设施项目专业化程度
	D 外部环境风险	D1 自然环境	D11 气候地理条件（恶劣天气、地震、台风、泥石流、流行性疾病、选址等）
		D2 人文环境	D21 课外体育竞赛传统与氛围
		D3 公共卫生环境	D31 公共卫生事件

第五章　学校体育风险评估

风险评估是采取合理风险应对措施的重要前提。通过全面考核风险来源、发生的可能性、后果严重性和风险等级及其可接受性，对风险因子进行综合评估。在学校体育风险防范中，为了提高风险应对措施的有效性，明晰各风险源的风险级别是重要前提。

第一节　学校体育风险评估指标

一、风险概率及序值

根据国际标准组织 ISO 31000 提议的 5 ＊ 5 阶矩阵，将学校体育风险可能发生的概率界定为五个等级：根本不可能的概率为 0～10％；不可能的概率为11％～40％；有点可能的概率为 41％～60％；比较有可能的概率为 61％～90％；非常有可能的概率为 91％～100％。如表 5-1 所示。

表 5-1　　　　　　　学校体育风险发生的可能性等级

等级	风险发生概率(％)	风险发生的可能性	解 释 说 明
1	0～10	根本不可能	在学校体育中非常不可能发生
2	11～40	不可能	在学校体育中不太可能发生
3	41～60	有点可能	在学校体育中不排除发生可能，偶尔发生
4	61～90	比较有可能	在学校体育中可能发生
5	91～100	非常有可能	在学校体育中极有可能发生

在确定学校体育风险概率的基础上计算其概率序值，即对其发生概率的大小进行排序。

二、风险影响等级及序值

根据学校体育风险可能发生的后果将学校体育风险后果严重程度分为五个等级，没有影响、不严重、不太严重、比较严重、非常严重，如表5-2所示。

表5-2　　　　　　　　　**学校体育风险后果的严重程度等级**

等级	风险后果	解　释　说　明
1	没有影响	对学校体育活动的正常运行几乎没有影响
2	不严重	对学校体育活动的运行影响微小
3	不太严重	对学校体育有一定的影响，可能会影响活动的正常进行
4	比较严重	对学校体育影响严重，直接影响了体育活动的进行
5	非常严重	风险事件发生，对学校体育影响深远，局面失控，范围扩大

在确定风险影响等级的基础上计算学校体育风险影响等级序值，即对其影响严重程度进行排序。

三、风险矩阵带及等级

ISO/IEC31010：2009《标准》将风险重要性划分为三个"风险带"领域，分别称为"上带""中带""下带"。风险带一般通过风险等位线划分。风险等位线是指在"带"中的风险值都具有相同的风险等级，可作为风险决策和风险控制的依据。风险等级根据综合风险概率和风险影响的二维矩阵确定，根据国际标准组织5＊5阶矩阵，将风险等级分为5等，并将其进行量化(等距数值化为0.2，0.4，0.6，0.8，1.0)[①]，具体如表5-3所示。

---

① 施从美，江亚洲．基于改进风险矩阵方法的群体性事件管理风险评估[J].统计与决策，2015(23)：50-52.

表 5-3   **学校体育风险等级及量化值**

风险概率 / 风险影响	根本不可能 1	不可能 2	有点可能 3	比较有可能 4	非常有可能 5
没有影响 1	低/0.2	低/0.2	较低/0.4	中等/0.6	中等/0.6
不严重 2	低/0.2	较低/0.4	中等/0.6	中等/0.6	较高/0.8
不太严重 3	较低/0.4	中等/0.6	中等/0.6	较高/0.8	较高/0.8
比较严重 4	中等/0.6	中等/0.6	较高/0.8	较高/0.8	高/1.0
非常严重 5	中等/0.6	较高/0.8	较高/0.8	高/1.0	高/1.0

四、风险 Broda 数值和序值

根据风险发生的可能性和后果严重程度的结果计算风险管理 Broda 数值和序值。风险 Broda 数的计算公式为 $Bi = \sum_{k=1}^{2}(N - rik)$。风险 Broda 数值是评估风险等级的重要指标,其数值与风险等级成正比,Broda 数值越大,风险等级越高;Broda 数值越小,风险等级越低。

五、风险可接受性

风险的可接受性是学校采取风险应对措施的重要依据。根据学校对体育活动风险可接受性水平,将风险可接受性分为 5 个。具体如表 5-4 所示。

表 5-4   **学校体育风险可接受性**

风险概率 / 风险影响	根本不可能 1	不可能 2	有点可能 3	比较有可能 4	非常有可能 5
没有影响 1	可以忽略的	可以忽略的	接受的	可接受的	可接受的
不严重 2	可以忽略的	接受的	可接受的	可接受的	不希望的
不太严重 3	接受的	可接受的	可接受的	不希望的	不希望的
比较严重 4	可接受的	可接受的	不希望的	不希望的	不可接受的
非常严重 5	可接受的	不希望的	不希望的	不可接受的	不可接受的

第二节　学校体育风险评估结果

一、学校体育课风险评估结果

根据上述学校体育课风险评估程序设计，基于本书风险识别指标体系，设计《学校体育课风险评估表》，通过德尔菲法，对 20 位专家三轮有关风险概率和风险影响的征询结果进行均值计算，得出各风险因子的风险概率、风险影响、风险量，计算 Borda 数值和序值，确定风险等级和风险可接受性，结果如表 5-5 所示。

表 5-5　　　　　　　　　学校体育课风险因素均值表

指　　　标	可能性序值	严重程度序值	风险量值	Borda数值	Borda序值	风险等级	风险可接受性
A11 重视程度（对学校体育课认识及重视程度等）	2	2	0.4	18	6	较低	接受的
A12 组织协调能力（统筹安排和学校体育风险监管能力等）	4	2	0.6	40	3	中等	可接受的
A21 风险认知能力（安全防范意识、安全预见性及危险警示性认知、体育安全常识等）	4	2	0.6	40	3	中等	可接受的
A22 教师素养（履职尽责、言行得当等）	3	2	0.6	23	5	中等	可接受的
A23 风险防范及应对能力（安全急救能力、风险洞察能力、风险应对能力等）	4	2	0.6	40	3	中等	可接受的
A31 风险认知和防范能力（风险认知和防范应对能力、身体状况认知及汇报等）	3	2	0.6	23	5	中等	可接受的

续表

指　　标	可能性序值	严重程度序值	风险量值	Borda数值	Borda序值	风险等级	风险可接受性
A32 课堂行为（服装得当、遵守课堂纪律、动作规范、使用器材得当、言行得当、无主观故意行为等）	4	2	0.6	40	3	中等	可接受的
A33 身体状况（无特殊疾病、运动损伤及不良身体状态等）	4	5	1.0	50	0	高	不可接受的
A34 心理因素（心理状态、理性对待突发状况）	3	2	0.6	23	5	中等	可接受的
B11 教育与培训管理（学校、教师、学生安全教育活动和培训的开展等）	4	4	0.8	49	1	较高	不希望的
B12 应急预案（突发意外、纠纷解决方案等）	3	2	0.6	23	5	中等	可接受的
B13 伤害事故防范（购买保险、签订合同等）	2	4	0.6	27	4	中等	可接受的
B14 教学质量监控（教学常规及质量检查及监督等）	4	2	0.6	40	3	中等	可接受的
B21 教学设计（教学安排科学合理、教学教法严谨、运动负荷和练习密度适度、选址合理等）	4	2	0.6	40	3	中等	可接受的
B22 教学组织（教师尽职尽责、安全讲解及监督到位、组织有序严格等）	4	2	0.6	40	3	中等	可接受的
B23 应急保障（事故处理及时有序等）	4	2	0.6	40	3	中等	可接受的
B31 医务监督保障（学校卫生保健制度、学生健康档案建立与核查、体检与心理测评工作、医务人员配备及专业水平、专业急救设备配备等）	4	4	0.8	49	1	较高	不希望的
B32 急救措施（措施及时、措施合理科学等）	4	3	0.8	42	2	较高	不希望的

续表

指　　标	可能性序值	严重程度序值	风险量值	Borda数值	Borda序值	风险等级	风险可接受性
C11 质量安全(教学设施、设备符合国家规定安全卫生标准、无安全隐患等)	4	4	0.8	49	1	较高	不希望的
C21 监督管理(场地、场馆、器材及急救设备等定期检查和安全隐患排查等)	4	3	0.8	42	2	较高	不希望的
C31 设施设备数量配备(场地、器材、信息技术设备、急救设备等)	4	4	0.8	49	1	较高	不希望的
C32 场地、器材、设施项目专业化程度	3	2	0.6	23	5	中等	可接受的
D11 气候地理条件(恶劣天气、地震、台风、泥石流、流行性疾病、高温天气、寒冷天气等)	4	4	0.8	49	1	较高	不希望的
D21 校园体育文化和氛围	2	2	0.4	18	6	较低	接受的
D31 公共卫生事件	4	4	0.8	49	1	较高	不希望的

二、学校运动队训练风险评估结果

根据上述学校运动队训练风险评估程序设计，基于本书风险识别指标体系，设计《学校运动队训练风险评估表》，通过德尔菲法，对 20 位专家三轮有关风险概率和风险影响的征询结果进行均值计算，得出各风险因子的风险概率、风险影响、风险量，计算 Borda 数值和序值，确定风险等级和风险可接受性，结果如表 5-6 所示。

表 5-6　　　　　　　　　学校运动队训练风险因素均值表

指　　标	可能性序值	严重程度序值	风险量值	Borda数值	Borda序值	风险等级	风险可接受性
A11 重视程度(对运动队的认识和重视程度等)	2	2	0.4	23	5	较低	接受的

续表

指　　　标	可能性序值	严重程度序值	风险量值	Borda数值	Borda序值	风险等级	风险可接受性
A12 队伍建设能力（运动队的训练目标和规划等）	4	2	0.6	49	2	中等	可接受的
A13 组织实施能力（统筹安排和训练队风险监管能力等）	4	2	0.6	49	2	中等	可接受的
A21 训练把控能力（了解运动员参加项目、身体条件、心理状况、家庭情况、学习能力等）	4	2	0.6	49	2	中等	可接受的
A22 数量配备（根据项目或年级配备的教练员数量等）	4	4	0.8	57	1	较高	不希望的
A23 风险认知能力（准备活动充分、训练内容符合学生身心发展特点、安全知识讲解、体育场馆设施检查等）	4	2	0.6	49	2	中等	可接受的
A24 专业素养（尽职履责、制定严格队伍纪律、训练计划、训练内容、严格把控训练量等）	3	2	0.6	28	4	中等	可接受的
A25 风险应对能力（安全急救能力、洞察能力、风险应对能力等）	4	2	0.6	49	2	中等	可接受的
A31 训练准备（训练服装适宜得体、热身充分等）	4	2	0.6	49	2	中等	可接受的
A32 风险认知与防控能力（训练队风险认知与防控应对能力、及时报告不良身体状况等）	4	2	0.6	49	2	中等	可接受的
A33 训练行为（训练态度端正、按要求正确使用体育器材、言行得当、无主观故意行为等）	3	2	0.6	28	4	中等	可接受的
A34 队伍纪律（纪律严明、不追逐打闹等）	3	2	0.6	28	4	中等	可接受的

续表

指　　标	可能性序值	严重程度序值	风险量值	Borda数值	Borda序值	风险等级	风险可接受性
A35 身体状况（无特殊疾病、运动损伤及不良身体状态等）	4	2	0.6	49	2	中等	可接受的
A36 心理因素（心理状态、理性对待突发状况等）	3	2	0.6	28	4	中等	可接受的
B11 安全教育（对学生及教练员、体育设施设备的管理人员的安全教育等）	4	5	1.0	58	0	高	不可接受的
B12 应急预案（突发意外、训练场馆管理等）	4	2	0.6	49	2	中等	可接受的
B13 伤害事故防范（购买保险、签订合同等）	2	4	0.6	31	3	中等	可接受的
B21 训练计划（训练安排合理、训练计划科学、训练内容符合学生生长发育特点、动作示范准确、运动负荷把控严密、督促学生进行放松活动、关注训练后不正确的进食和洗浴问题等）	4	2	0.6	49	2	中等	可接受的
B22 训练纪律	4	2	0.6	49	2	中等	可接受的
B23 应急预案（应急措施及时、合理、科学等）	4	2	0.6	49	2	中等	可接受的
B31 医务监督保障（学校卫生保健制度、运动员健康档案建立与核查、体检与心理测评工作、医务人员配备及专业水平、专业急救设备配备等）	4	4	0.8	57	1	较高	不希望的
B32 急救措施（措施及时、措施合理科学等）	4	2	0.6	49	2	中等	可接受的
C11 质量安全（场地器材设施符合国家标准、无安全隐患等）	4	4	0.8	57	1	较高	不希望的

续表

指　　标	可能性序值	严重程度序值	风险量值	Borda数值	Borda序值	风险等级	风险可接受性
C21 监督管理（场地、场馆、器材及急救设备等定期检查和安全隐患排查等）	3	2	0.6	28	4	中等	可接受的
C31 设施设备数量配备（场地、器材、信息技术设备、急救设备等）	4	4	0.8	57	1	较高	不希望的
C32 场地、器材、设施项目专业化程度	4	4	0.8	57	1	较高	不希望的
D11 气候地理条件（恶劣天气、地震、台风、泥石流、流行性疾病、高温天气、寒冷天气等）	4	4	0.8	57	1	较高	不希望的
D21 学校训练队体育氛围	2	2	0.4	23	5	较低	接受的
D31 公共卫生事件	4	4	0.8	57	1	较高	不希望的

三、学校课外体育活动风险评估结果

根据上述学校课外体育活动风险评估程序设计，基于本书风险识别指标体系，设计《学校课外体育活动风险评估表》，通过德尔菲法，对 20 位专家三轮有关风险概率和风险影响的征询结果进行均值计算，得出各风险因子的风险概率、风险影响、风险量，计算 Borda 数值和序值，确定风险等级和风险可接受性，结果如表 5-7 所示。

表 5-7　　　　　　　　学校课外体育活动风险因素均值表

指　　标	可能性序值	严重程度序值	风险量值	Borda数值	Borda序值	风险等级	风险可接受性
A11 重视程度（对课外体育活动的认识和重视程度等）	2	2	0.4	20	5	较低	接受的
A12 组织协调能力（统筹安排和协调监控的能力等）	4	2	0.6	39	2	中等	可接受的

续表

指　标	可能性	严重程	风险	Borda	Borda	风险	风险
	序值	度序值	量值	数值	序值	等级	可接受性
A21 身体状况(无特殊疾病、运动损伤和不良身体状态等)	2	4	0.6	28	3	中等	可接受的
A22 道德与心理素质(遵纪守法、衣着得体、言行得当、良好心态等)	3	2	0.6	24	4	中等	可接受的
A23 积极理性参与(积极参与、理性对待突发状况等)	4	2	0.6	39	2	中等	可接受的
A24 参与水平(动作规范、运用得当等)	3	2	0.6	24	4	中等	可接受的
A25 风险防范能力(风险认知和防范应对能力等)	4	2	0.6	39	2	中等	可接受的
A31 道德与心理素质(公平公正、执行规则、言行得当等)	4	2	0.6	39	2	中等	可接受的
A32 专业素养(专业水平、风格等)	3	2	0.6	24	4	中等	可接受的
A33 组织水平(执行及应对水平,秩序有序等)	4	2	0.6	39	2	中等	可接受的
A34 风险防范能力(风险认知和防范应对能力等)	4	2	0.6	39	2	中等	可接受的
B11 活动安排(报备审批、活动制定、人员配备、场地安排等)	3	2	0.6	24	4	中等	可接受的
B12 培训与健康管理(活动培训、学生健康档案建立与核查、体检与心理测评等)	4	4	0.8	47	0	较高	不希望的
B13 应急预案(突发意外、纠纷解决方案、交通等)	4	2	0.6	39	2	中等	可接受的
B14 伤害事故防范(购买保险、签订合同等)	2	4	0.6	28	3	中等	可接受的
B21 管理层统筹协调监控	4	2	0.6	39	2	中等	可接受的

指　　标	可能性序值	严重程度序值	风险量值	Borda 数值	Borda 序值	风险等级	风险可接受性
B22 人员履职规范秩序（裁判员、教练员及安保与相关工作人员尽职尽责等）	5	2	0.8	40	1	较高	不希望的
C11 质量安全（场地器材设施符合国家标准、无安全隐患等）	4	4	0.8	47	0	较高	不希望的
C21 监督管理（场地、场馆、器材及急救设备等定期检查和安全隐患排查等）	4	2	0.6	39	2	中等	可接受的
C31 设施设备数量配备（场地、器材、信息技术设备、急救设备等）	4	4	0.8	47	0	较高	不希望的
C32 场地、器材、设施项目专业化程度	4	4	0.8	47	0	较高	不希望的
D11 气候地理条件（恶劣天气、地震、台风、泥石流、流行性疾病、选址等）	4	4	0.8	47	0	较高	不希望的
D21 课外体育竞赛传统与氛围	2	1	0.2	5	6	低	可以忽略的
D31 公共卫生事件	4	4	0.8	47	0	较高	不希望的

四、学校体育竞赛风险评估结果

根据上述学校体育竞赛风险评估程序设计，基于本书风险识别指标体系，设计《学校体育竞赛风险评估表》，通过德尔菲法，对20位专家三轮有关风险概率和风险影响的征询结果进行均值计算，得出各风险因子的风险概率、风险影响、风险量，计算 Borda 数值和序值，确定风险等级和风险可接受性，结果如表5-8所示。

表 5-8　　　　　　　　　学校体育竞赛风险因素均值表

指　　标	可能性序值	严重程度序值	风险量值	Borda数值	Borda序值	风险等级	风险可接受性
A11 重视程度（对学校体育竞赛的认识和重视程度等）	2	2	0.4	24	5	较低	接受的
A12 组织协调能力（统筹安排和协调监控的能力等）	4	2	0.6	47	2	中等	可接受的
A21 身体状况（无特殊疾病、既有运动损伤和不良身体状态等）	4	5	1	56	0	高	不可接受的
A22 道德与心理素质（遵纪守法、衣着言行得当等）	4	2	0.6	47	2	中等	可接受的
A23 积极理性参赛（无主观故意、理性对待突发状况等）	3	2	0.6	28	4	中等	可接受的
A24 技战术水平（技术动作规范、战术运用得当等）	4	2	0.6	47	2	中等	可接受的
A25 风险防范能力（风险认知和防范应对能力等）	4	2	0.6	47	2	中等	可接受的
A31 道德与心理素质（文明参赛、遵纪守法、遵守比赛规则、言行得当等）	3	2	0.6	28	4	中等	可接受的
A32 专业水平（裁判员执裁水平、教练员执教风格、风险防范认知与能力等）	4	2	0.6	47	2	中等	可接受的
A33 积极理性参赛（无主观故意、理性对待突发状况等）	4	2	0.6	47	2	中等	可接受的
A41 观赛素养（言语和行为得当、良好观赛心态等）	4	2	0.8	47	2	较高	不希望的
A42 观赛秩序（遵守赛场秩序、听从工作人员引导安排、进退场秩序井然等）	2	2	0.4	24	5	较低	接受的
A51 道德与心理素质（安保、志愿者、医护人员等文明参赛、遵纪守法、遵守比赛规则、言语和行为得当等）	1	2	0.2	20	6	低	可以忽略的
A52 业务水平（完成岗位任务的胜任力等）	4	2	0.6	47	2	中等	可接受的

续表

指 标	可能性序值	严重程度序值	风险量值	Borda数值	Borda序值	风险等级	风险可接受性
B11 竞赛安排（报备审批、规程制定、财务预算、人员配备等）	4	2	0.6	47	2	中等	可接受的
B12 培训与健康管理（赛前培训、学生健康档案建立与核查、体检与心理测评等）	4	4	0.8	54	1	较高	不希望的
B13 应急预案（交通、安保、突发意外、纠纷解决方案等）	4	2	0.6	47	2	中等	可接受的
B14 伤害事故防范（购买保险、签订合同等）	2	4	0.6	31	3	中等	可接受的
B21 管理层统筹协调监控	3	2	0.6	28	4	中等	可接受的
B22 人员履职规范有序（裁判员、教练员及安保与相关工作人员尽职尽责等）	3	2	0.6	28	4	中等	可接受的
B23 筹备方案执行（依据竞赛规程合理安排竞赛检录、日程、判罚等）	4	2	0.6	47	2	中等	可接受的
B31 硬件保障（相关场地器材使用、信息技术应用保障等）	4	4	0.8	54	1	较高	不希望的
C11 质量安全（场地器材设施符合国家标准、无安全隐患等）	4	5	1.0	56	0	高	不可接受的
C21 监督管理（场地、场馆、器材及急救设备等定期检查和安全隐患排查等）	4	4	0.8	54	1	较高	不希望的
C31 设施设备数量配备（场地、器材、信息技术设备、急救设备等）	4	4	0.8	54	1	较高	不希望的
D11 气候地理条件（恶劣天气、地震、台风、泥石流、流行性疾病、选址等）	4	4	0.8	54	1	较高	不希望的
D21 学校体育竞赛传统与氛围	2	2	0.4	24	5	较低	接受的
D31 公共卫生事件	4	4	0.8	54	1	较高	不希望的

第六章 学校体育风险应对

评估风险等级是风险应对的重要依据。本书首先在 20 位专家对风险可能性和严重性打分结果进行均值计算的基础上，确定各指标在风险矩阵中的风险等级和风险指标优先级别；其次，根据风险等级的评估结果和风险指标的数值数据，绘制风险坐标图，根据风险坐标图中各风险指标的位置，选择各类风险指标的应对策略。

第一节 学校体育风险应对优先级别

本书运用风险管理理论，对学校体育风险因子的风险等级和可接受性采取相应的风险应对优先级别。根据风险矩阵图的等级评估结果进行风险因素的优先应对级别的评估，风险等级为"高"的风险因素要优先应对，风险等级评估结果为"中"的风险因素可以次要应对，风险等级评估结果为"低"的风险因素可以视情况选择应对。

一、学校体育课风险应对优先级别

各风险因素的应对优先级别如表 6-1 所示。

表 6-1　　　　　　　　　　学校体育课风险应对优先级别

风险等级	指　　标	优先级别	措　　施
高	A33、 B11、 B31、 B32、 C11、 C21、 C31、 D11、D31	I 级	优先应对

续表

风险等级	指　　标	优先级别	措　　施
中	A12、A21、A22、A23、A31、A32、A34、B12、B13、B14、B21、B22、B23、C32	II 级	次要应对
低	A11、D21	III 级	视情况选择应对

由表 6-1 可知，在众多风险指标中，高等级风险指标有 9 项，包括：A33 身体状况、B11 教育与培训管理、B31 医务监督保障、B32 急救措施、C11 质量安全、C21 监督管理、C31 设施设备数量配备、D11 气候地理条件、D31 公共卫生事件，该级别的风险指标在学校体育课风险管理过程进行首要关注，确保改进风险因子，采取一切应对措施进行风险规避、降低或消除，尽可能避免风险事件的发生；中等级的风险指标有 14 项，包括 A12 组织协调能力、A21 风险认知能力（教师）、A22 教师素养、A23 风险防范及应对能力（教师）、A31 风险认知和防范能力（学生）、A32 课堂行为、A34 心理因素、B12 应急预案、B13 伤害事故防范、B14 教学质量监控、B21 教学设计、B22 教学组织、B23 应急保障、C32 场地、器材、设施项目专业化程度，该级别的风险因素应该在学校体育课风险管理中重点关注，积极改进风险因子，如采取风险规避消除风险、风险转移降低损失、风险降低减少风险发生的可能或影响；低等级的风险指标是有 2 项，包括：A11 重视程度、D21 校园体育文化和氛围，该级别的风险因素在风险管理中是需要考虑的，可以视情况进行风险应对。

二、学校运动队训练风险应对优先级别

由表 6-2 可知，在众多风险指标中，高等级的风险指标有 8 项，包括：A22 数量配备、B11 安全教育、B31 医务监督保障、C11 质量安全、C31 设施设备数量配备、C32 场地、器材、设施项目专业化程度、D11 气候地理条件、D31 公共卫生事件，该级别的风险指标在学校运动队训练风险管理过程进行首要关注，确保改进风险因子，采取一切应对措施进行风险规避、降低或消除，尽可能避免风险事件的发生；中等级的风险指标有 19 项，包括 A12 队伍建设能力、A13 组织实施能力、A21 训练把控能力、A23 风险认知能力、A24 专业素养、A25 风险应

对能力、A31 训练准备、A32 风险认知与防控能力、A33 训练行为、A34 队伍纪律、A35 身体状况、A36 心理因素、B12 应急预案、B13 伤害事故防范、B21 训练计划、B22 训练纪律、B23 应急预案、B32 急救措施、C21 监督管理，该级别的风险因素应该在学校运动队训练风险管理中重点关注，积极改进风险因子，如采取风险规避消除风险、风险转移降低损失、风险降低减少风险发生的可能或影响；低等级的风险指标有 2 项，包括 A11 重视程度、D21 学校训练队体育氛围，该级别的风险因子可以视情况选择应对措施。

表 6-2　　　　　　　　　　　学校运动队训练风险应对优先级别

风险等级	指　　　　标	优先级别	措　　施
高	A22、B11、B31、C11、C31、C32、D11、D31	I 级	优先应对
中	A12、A13、A21、A23、A24、A25、A31、A32、A33、A34、A35、A36、B12、B13、B21、B22、B23、B32、C21	II 级	次要应对
低	A11、D21	III 级	视情况选择应对

三、学校课外体育活动风险应对优先级别

由表 6-3 可知，在众多风险指标中，高等级的风险指标有 7 项，包括：B12 培训与健康管理、B22 人员履职规范秩序、C11 质量安全、C31 设施设备数量配备、C32 场地、器材、设施项目专业化程度、D11 气候地理条件、D31 公共卫生事件，该级别的风险指标在学校课外体育活动风险管理过程进行首要关注，确保改进风险因子，采取一切应对措施进行风险规避、降低或消除，尽可能避免风险事件的发生；中等级风险指标有 15 项，包括：A12 组织协调能力、A21 身体状况、A22 道德与心理素质、A23 积极理性参与、A24 参与水平、A25 风险防范能力、A31 道德与心理素质、A32 专业素养、A33 组织水平、A34 风险防范能力、B11 活动安排、B13 应急预案、B14 伤害事故防范、B21 管理层统筹协调监控、C21 监督管理，该级别的风险因素应该在学校课外体育活动的风险管理中重点关注，积极改进风险因子，如采取风险规避消除风险、风险转移降低损失、风险降

低减少风险发生的可能或影响；低等级的风险指标是 A11 重视程度和 D21 课外体育竞赛传统与氛围，该级别的风险因素在风险管理中是需要考虑的，可以视情况进行风险应对。

表 6-3　　　　　　　　　学校课外体育活动风险应对优先级别

风险等级	指　　　标	优先级别	措　　　施
高	B12、B22、C11、C31、C32、D11、D31	I 级	优先应对
中	A12、A21、A22、A23、A24、A25、A31、A32、A33、A34、B11、B13、B14、B21、C21	II 级	次要应对
低	A11、D21	III 级	视情况选择应对

四、学校体育竞赛风险应对优先级别

由表 6-4 可知，在众多风险指标中，高等级的风险指标有 9 项，包括：A21 身体状况、A41 观赛素养、B12 培训与健康管理、B31 硬件保障、C11 质量安全、C21 监督管理、C31 设施设备数量配备、D11 气候地理条件、D31 公共卫生环境，该级别的风险指标在学校体育竞赛风险管理过程进行首要关注，确保改进风险因子，采取一切应对措施进行风险规避、降低或消除，尽可能避免风险事件的发生；中等级的风险指标有 15 项，包括：A12 组织协调能力、A22 道德与心理素质、A23 积极理性参赛、A24 技战术水平、A25 风险防范能力、A31 道德与心理素质、A32 专业水平、A33 积极理性参赛、A52 业务水平、B11 竞赛安排、B13 应急预案、B14 伤害事故防范、B21 管理层统筹协调监控、B22 人员履职规范有序、B23 筹备方案执行、该级别的风险因素应该在学校体育竞赛风险管理中重点关注，积极改进风险因子，如采取风险规避消除风险、风险转移降低损失、风险降低减少风险发生的可能或影响；低等级风险指标有 4 项，包括：A11 重视程度、A42 观赛秩序、A51 道德心理素质、D21 学校体育竞赛传统与氛围，该级别的风险因素在风险管理中是需要考虑的，可以视情况进行风险应对。

表6-4　　　　　　　　　　学校体育竞赛风险应对优先级别

风险等级	指　标	优先级别	措施
高	A21、A41、B12、B31、C11、C21、C31、D11、D31	I 级	优先应对
中	A12、A22、A23、A24、A25、A31、A32、A33、A52、B11、B13、B14、B21、B22、B23、	II 级	次要应对
低	A11、A42、A51、D21	III 级	视情况选择应对

第二节　学校体育风险应对措施

风险应对一般分为风险降低、风险转移、风险规避和风险接受四种方式。[①]

一、风险降低

风险降低是指利用政策或措施降低风险的可能性或影响，或者同时降低两者，是积极的风险应对方式。[②] 风险还未发生时，可以采取正确措施降低其发生的可能性；在风险已经发生后，也可通过适当的手段来降低其造成的严重性。学校应正确认识风险，尽可能采用风险降低或风险转移的积极风险应对方式，保障学校体育活动的进行，而不是简单地取消竞赛或消极组织参与。

二、风险规避

风险规避是指在进行某项活动之前提前预估到该项活动存在较大的风险而主动采取放弃或改变措施，从而避开该项活动将带来风险的策略。[③] 在风险发生之前预先将风险因素加以排除是一种最完备的防控风险技术。当该项目存在的风险

---

① 王周伟. 风险管理[M]. 北京：机械工业出版社，2017：73.

② 蒲毕文，贾宏. 大型体育赛事风险评估的结构方程模型构建及实证研究[J]. 中国体育科技，2018，54(02)：51-58.

③ 郑柏香，白凤瑞，邹红，等. 学校体育风险管理中的几个理论问题探讨[J]. 体育与科学，2009，30(06)：90-92.

概率非常大并且可能会因为此种风险产生巨大损失后果而且无法转移和承受时，可选择风险规避策略，可通过修改活动目标、活动范围、项目结构等方式来实行。具体方法一般包括停止或中断某项活动的实施，即在风险未出现时停止；改变某项活动的性质，即在已承担风险的情况下通过改变工作环境、流程步骤等措施来避免会出现的风险。①

三、风险转移

风险转移也称风险分担，是学校体育风险管理中的一种应对策略。风险转移是指通过转移风险来降低风险的严重性，使第三方机构或个人来分担一部分风险的手段，以分散和降低自身的风险，减少损失。风险转移允许风险的存在，并通过各种契约减少自身的损失。② 一方面，可以将责任下移，促使参与者个人履职尽责从而减少风险的发生；另一方面，如果风险发生，可以将风险转移到他方，降低自身责任。风险转移可通过保险措施或契约等非保险措施来实现，但在选择风险转移手段和对象的过程中，应充分考量风险转移对象的能力和合同或契约等的合理性。风险转移承认风险的存在，但不是任何风险都可以转移。风险转移策略可以分为两类：一类是保险转移风险，另一类是非保险转移风险。其中，保险是最重要、最有效的风险转移方式之一。学校或学生通过与保险公司签订保险合同，并缴纳一定的保险金，实现风险转移。

(一)保险转移风险

保险转移风险是最重要的风险转移方式之一，通过以书面形式签订保险合同的方式，支付相应的保险费用，借此来转移一定的风险或者为受保人在风险发生之后所造成的伤害给予经济上的补偿。为有效防范学校体育伤害事故，购买保险

---

① 凌平，王清．论体育运动的风险与体育保险[J]．北京体育大学学报，2003，26(05)：596-597，609.

② 高昕欣，叶惠，康永博．基于风险矩阵的企业技术创新风险管理研究[J]．科技管理研究，2014，34(16)：8-11，17.

是最常见的风险转移措施。① 通过购买专业保险将学校体育竞赛中可能存在的风险转移到第三方机构，如对运动员购买人身意外伤害险，这种方式虽然不能直接减少或降低学校体育竞赛风险的发生率，但对于风险发生后减少学校或学生承担风险的经济压力意义重大。

日本和美国等是体育保险发展较为迅速的国家，体育保险行业发展已经较为成熟，可以为人们提供不同类型的险种，以满足人们对于体育保险的不同需求。例如在美国，政府和学校设置了各种类型的学校体育保险，学校体育保险严格遵守规定，厘清了对各种意外伤害事故的类型、赔偿金额数量以及监督机制等，在一定程度上有效保障了学校体育活动的顺利开展。日本在学校体育保险方面发展迅速，保险体系和体育保险相关立法完善，如《日本体育、学校健康中心法》《日本学校安全法》等为学校体育保险的开展实施奠定了法律基础。循序渐进、因地制宜地开展学校体育保险专项措施是风险转移的重要手段。

在保险风险转移中，另外一种方式是制定学生体育伤害事故专项基金。通常，这种类型的基金小到可以是某一所学校设立的，大到可以是由全国的同类学校共同设立的。资金可以来源于在校生，也可以是学校专项资金，还可以是由企业赞助、社会慈善机构募捐等相关专项资金，更可以是三者的结合。当前我国高考体育加试的临时性损伤治疗就属于上述应对策略，具有快捷有效、可降低潜在损失、节约开支以及取得基金运用收益等优势。②

（二）非保险转移风险

非保险风险转移是指风险管理者把自身将承担的法律责任嫁接到非保险业的组织和个人承担的风险应对措施。非保险风险转移是需要条件的：一般双方需要签订合同，而转移责任条款必须是合法有效的；风险转出的接受方需要具备偿还能力，如果受让方没有能力偿还损失，那么转让方仍然必须对风险承担责任，风险并没有真正被转移；风险管理者必须支付一定的费用，包括储备金、轻微伤害

---

① 关品，王国军.体育保险的国际进展与我国体育保险的发展路径[J].西安体育学院学报，2018，35（01）：1-9.
② 赵德宝.中国高校体育教学风险管理及对策研究[J].当代体育科技，2015，5（05）：141-142.

支出、现场应急措施、救护服务等。政府和学校要设置专门的储备金来应对学校体育风险，在特殊情况下，还可以适当调整储备金率。

学校可通过赛前签订合同或契约等方式转移风险责任或风险源。学校赛前拟定告家长书，就学生身体状况、安全等问题明确家长的责任和义务；如果因家长或学生瞒报或不报身体状况而引起的风险事故由家长和学生承担；学校在赛前与运动员、教练员和裁判员等人员签订主体责任书，因各主体自身原因造成的风险事件由各主体承担相应的责任。通过明晰权责且促使各主体能履职尽责，从而在一定程度上可以减少因玩忽职守而产生的风险事件。①

四、风险接受

风险接受即风险自留，是指察觉出剩余风险，通过适当的分配积极应对，或者只是监测风险所处的状态，不采取行动。②

第三节　学校体育风险应对方式选择

风险应对二维矩阵（可能性和后果严重程度）的构建可为选择合理的风险应对措施提供参考：风险影响低且发生风险的可能性也低则选择风险接受；风险影响低且发生风险的可能性高则选择风险降低；风险影响高且发生风险的可能性低则选择风险转移；风险影响高且发生风险的可能性也高则选择风险规避，具体如图 6-1 所示。

一、学校体育课风险应对

体育课是体育教学的基本组织形式，主要目的是教授学生体育技能与理论知识、体育保健知识，同时培养学生锻炼的习惯，促进学生终身体育习惯的养成。根据学校体育课风险评估结果确定各风险因素在风险坐标图中的位置及相应的风

---

① 杨亚琴，邱菀华 . 学校体育教育组织过程中的风险管理研究[J]. 西安体育学院学报，2005，22（05）：84-87，103.

② 石岩，田麦久 . 运动员参赛风险研究导论[J]. 中国体育科技，2004，40（05）：23-26.

险应对策略如图 6-2 所示。

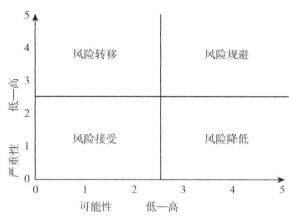

图 6-1 风险应对策略与风险水平的关系图

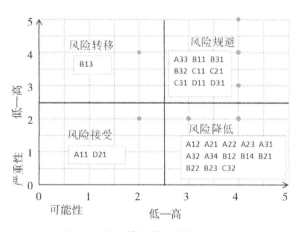

图 6-2 学校体育课风险管理坐标图

(一) 学校体育课风险接受

根据二维矩阵，在学校体育课风险防范中宜采用风险接受的典型风险指标是 A11、D21。学校应该提高对学校体育课的认识和重视程度、积极营造良好的体育课氛围。根据风险坐标图，在学校体育课风险防范中，宜采取风险接受的风险因素如表 6-5 所示。

表 6-5　　　　　　　　　学校体育课风险接受因子及应对措施

指　　标	具　体　措　施
A11 重视程度	提高学校负责人对学校体育课的认识和重视程度
D21 校园体育文化和氛围	营造良好的校园体育文化氛围

(二)学校体育课风险降低

根据二维矩阵，在学校体育课风险防范中，宜采用风险降低的典型风险指标是 A12、A21、A22、A23、A31、A32、A34、B12、B14、B21、B22、B23、C32。学校应采取相应措施降低风险发生的可能性，如合理规划体育课组织、提高教师职业素养、规范课堂行为、关注学生心理状况、确保场地配置专业化等。根据风险坐标图，学校体育课风险防范中，宜采取风险降低的风险因素如表 6-6 所示。

表 6-6　　　　　　　　　学校体育课风险降低因子及应对措施

指　　标	具　体　措　施
A12 组织协调能力	规范体育课的课堂组织
A21 风险认知能力(教师)	提高风险认知和防范应对能力
A22 教师素养	提高教师专业素养
A23 风险防范及应对能力(教师)	提高教师风险认知和防范应对能力
A31 风险认知和防范能力(学生)	提高学生风险认知和防范应对能力
A32 课堂行为	规范体育课行为，无故意行为
A34 心理因素	培养心理健康，理性面对突发情况
B12 应急预案	做好体育课的安保、突发意外、纠纷解决方案
B14 教学质量监控	制定完善的体育课风险管理计划书
B21 教学设计	制定合理的教学设计方案
B22 教学组织	规范学校体育课教学组织
B23 应急保障	做好应急宣传工作，对于异常情况及时关注并报警；提升校内人员风险应对能力，做好救助能力培训工作
C32 场地、器材、设施设备专业化程度	确保场地设备专业化配置

(三)学校体育课风险转移

根据二维矩阵，在学校体育课风险防范中，宜采用风险转移的典型风险指标是 B13。学校应根据上述风险指标，通过购买保险、与家长或学生签订安全协议等方式实现风险转移。根据风险坐标图，在学体育课风险防范中，宜采取风险转移的风险因素如表 6-7 所示。

表 6-7　　　　　　　　学校体育课风险转移因子及应对措施

指　　标	具　体　措　施
B13 伤害事故防范	购买保险、与学生、家长等签订主体责任书或相关合同

(四)学校体育课风险规避

根据二维矩阵，在学校体育课风险防范中，宜采用风险规避的典型风险指标是 A33、B11、B31、B32、C11、C21、C31、D11、D31。学校应根据上述风险指标采取相应措施规避风险发生的可能性，包括做好体育安全教育的宣传工作，提高学生安全防范能力，保证场地器材无安全隐患等方式规避风险。根据风险坐标图，学校体育课风险防范中，宜采取风险规避的风险因素如表 6-8 所示。

表 6-8　　　　　　　　学校体育课风险规避因子及应对措施

指　　标	具　体　措　施
A33 身体状况	确保学生在良好的身体状态下进行体育课活动
B11 教育与培训管理	合理规划体育课运动项目活动并严格执行
B31 医务监督保障	严格把控学生体检关
B32 急救措施	制定专业的急救措施
C11 质量安全	确保场地器材设施符合国家标准、无安全隐患
C21 监督管理	保场地、器材、信息技术设备、急救设备等配备数量齐全
C31 设施设备数量配备	严格完善设施器材数量配备

续表

指　　标	具体措施
D11 气候地理条件	提前了解体育课开展时的天气、地理情况，避免恶劣天气进行室外体育课教学
D31 公共卫生事件	密切关注公共卫生安全

二、学校运动队训练风险应对

运动队是学校在贯彻实施多渠道、多形式、多层次培养优秀体育人才战略目标而招收的运动员学生队伍。其主要任务是进行专项运动训练，增强身体素质，提高技战术水平，为国家培养和输送体育后备人才奠定基础。[①] 根据已有学校运动队训练风险评估结果，确定各风险因素在风险坐标图中的位置如图 6-3 所示。

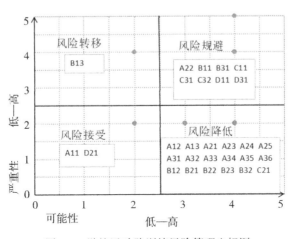

图 6-3　学校运动队训练风险管理坐标图

(一)学校运动队训练风险接受

根据二维矩阵，在学校运动队训练风险防范中，宜采用风险接受的风险指标

---

① 刘俊. 职业学校体育选修课、运动队训练、体育俱乐部共同发展模式分析[J]. 运动，2015(16)：79-80.

是 A11、D21。学校应该宣传学校运动队的重要作用，提高学校负责人对学校体育赛事的认识和重视程度，营造良好的校园体育氛围等。根据运动队训练风险坐标图结果，宜采用风险承受的具体应对措施如表6-9所示。

表6-9　　　　　　　　　　学校运动队训练风险接受应对措施

指　　标	具 体 措 施
A11 重视程度	宣传学校运动队的重要作用，提高学校负责人对学校体育赛事的认识和重视程度
D21 学校训练队体育氛围	营造良好的校园体育氛围

（二）学校运动队训练风险降低

根据二维矩阵，在学校运动队训练风险防范中，宜采用风险降低的典型风险指标是 A12、A13、A21、A23、A24、A25、A31、A32、A33、A34、A35、A36、B12、B21、B22、B23、B32、C21。学校应该通过提高运动队训练人员的风险认知与风险防范能力，重视运动队训练安全，选择专业的教练员，制订科学的训练计划，注重对学生纪律意识的培养，关注训练队学生的心理健康，做好赛前赛后心理辅导，保障医务监督措施到位，确保场地器材、信息技术设备、急救设备等数量按照标准化配置等方式降低运动队训练风险。根据运动队训练风险坐标图结果，宜采用风险降低的具体应对措施如表6-10所示。

表6-10　　　　　　　　　　学校运动队训练风险降低应对措施

指　　标	具 体 措 施
A12 队伍建设能力	提高运动队活动水平（包括加大投入，体育教师人才引进等）
A13 组织实施能力	提高运动队统筹安排和训练队风险监管能力
A21 训练把控能力	提升教练员的训练把控能力
A23 风险认知能力（教练员）	提升训练队成员安全认知与风险防范能力

续表

指　　标	具 体 措 施
A24 专业素养	提升教练员专业素养，制定严格队伍纪律、训练计划、训练内容，严格把控训练量
A25 风险应对能力	加强学校运动队伍安全宣传教育，提高风险认知能力和应对能力
A31 训练准备	确保训练服装适宜得体、热身充分
A32 风险认知与防控能力（运动员）	提高训练队风险认知与防控应对能力、及时报告不良身体状况
A33 训练行为	要求学生端正训练态度、按要求正确使用体育器材、言行得当、无主观故意行为
A34 队伍纪律	加强运动队制度建设，纪律严明
A35 身体状况	严格把关训练队的体检、筛选无特殊疾病、运动损伤及不良身体状态运动员
A36 心理因素	制定相关工作人员行为规范细则，提升心理素质，文明参赛、遵纪守法、遵守比赛规则、保持言语行为得当
B12 应急预案（运动队管理）	加强学校体育竞赛队伍安全宣传教育，提高风险认知能力和应对能力
B21 训练计划	制定科学合理的训练安排
B22 训练纪律	加强队伍的纪律建设，纪律严明
B23 应急预案（训练组织）	准备及时、合理、科学应急措施，应对突发情况
B32 急救措施	制定专业的急救措施
C21 监督管理	保证场地、场馆、器材及急救设备等定期检查和安全隐患排查

(三)学校运动队训练风险转移

　　根据二维矩阵，在学校运动队训练风险防范中，宜采用风险转移的风险指标是 B13。学校可以通过购买保险实现风险转移。根据运动队训练风险坐标图结果，宜采用风险转移的风险因子及具体措施如表 6-11 所示。

表 6-11　　　　　　　　学校运动队训练风险转移应对措施

指　　标	具 体 措 施
B13 伤害事故防范	学校可以购买保险、与家长或者学生签订安全责任协议

(四)学校运动队训练风险规避

根据二维矩阵，在学校运动队训练风险防范中，宜采用风险规避的风险值较高的指标是 A22、B11、B31、C11、C31、C32、D11、D31。学校应做好队员的健康筛查，保证教练员数量配备充足，提高运动队训练人员的风险认知与风险防范能力，重视运动队训练安全，严格把关训练队使用的场地器材，配备较为全面的急救设备，避免恶劣天气进行室外训练。根据风险坐标图，在学校运动队训练风险防范中，宜采取风险规避的风险因素如表 6-12 所示。

表 6-12　　　　　　　　学校运动队训练风险规避应对措施

指　　标	具 体 措 施
A22 数量配备	确保场地器材、信息技术设备、急救设备等数量都按照标准化配置
B11 安全教育	加强对学生及教练员、体育设施设备的管理人员的安全教育
B31 医务监督保障	保障医务人员配备及专业水平、配备专业急救设备
C11 质量安全	保障场地器材设施符合国家标准、无安全隐患
C31 设施设备数量配备	保证场地器材专业化，与训练队员签订协议并购买校方保险(场地意外险、器材意外险等)
C32 场地、器材、设施项目专业化程度	确保按照学校体育场地、器材、设施项目相关条例对场地、其次、设施项目实施专业化配置
D11 气候地理条件	关注恶劣天气对训练的影响，为训练队员购买保险
D31 公共卫生事件	密切关注公共卫生安全

三、学校课外体育活动风险应对

课外体育主要指在学校课程结束后开展的各种学校体育活动，包括利用校内外资源或体育中介机构从事课外体育指导的活动。① 根据已有课外体育活动风险评估结果，确定各风险因素在风险坐标图中的位置如图6-4所示。

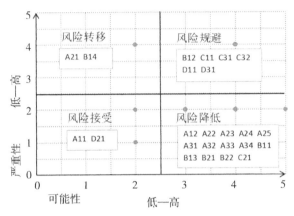

图6-4　学校课外体育活动风险管理坐标图

（一）学校课外体育活动风险接受

根据二维矩阵分析，在学校课外体育活动风险防范中，宜采用风险接受的风险指标主要有A11、D21。学校应该提高对课外体育的关注与重视程度，积极营造良好的课外体育活动氛围。根据风险坐标图，学校课外体育活动风险防范宜采用风险接受的风险因素及应对措施如表6-13所示。

表6-13　　　　　学校课外体育活动风险接受因子及应对措施

指　标	具体措施
A11 重视程度	宣传课外体育的作用，提高学校负责人对学校课外体育的认识和重视程度
D21 课外体育竞赛的传统与氛围	定期开展课外体育活动、体育文化节，营造良好的学校课外体育传统，巩固学校体育氛围

① 张大为. 日本课余体育外包的实践及经验启示［J］. 西安体育学院学报，2019，36（04）：393-397，456.

(二)学校课外体育活动风险降低

根据二维矩阵分析，在学校课外体育活动风险防范中，宜采用风险降低的风险指标主要有 A12、A22、A23、A24、A25、A31、A32、A33、A34、B11、B13、B21、B22、C21。学校可以规范课外体育活动的方式，定期进行道德与心理素质课程培训，帮助学生摆正心态，理性对待突发事件、培养学生公平公正的素质，提高学生风险防范能力，配备完善的风险应急预案、做好人员工作职责划分与培训工作等。根据风险坐标图，学校课外体育活动风险防范宜采用风险降低应对措施如表 6-14 所示。

表 6-14　　　　　　　学校课外体育活动风险降低应对措施

指　　标	具 体 措 施
A12 组织协调能力	提高统筹安排和协调监控的能力
A22 道德与心理素质(参与学生)	定期集中运动员进行道德与心理素质课程培训，提升运动员道德和心理素质，力求做到遵纪守法、衣着言行得当
A23 积极理性参与	摆正心态，保持理性，无主观故意心态，不消极对待比赛，能够合理对待突发状况
A24 参与水平	保证学生参与课外体育动作规范、技战术运用得当
A25 风险防范能力(参与学生)	提高课外体育参与学生风险认知和防范应对能力
A31 道德与心理素质(组织者)	确保公平公正、执行规则、言行得当等
A32 专业素养	确保课外体育组织者有一定的专业素养
A33 组织水平	确保课外体育活动开展有序
A34 风险防范能力(组织者)	提高组织者风险认知和防范应对能力
B11 活动安排	确保活动前做好充分准备，完善报备审批规程的制定，细化人员配备流程
B13 应急预案	配备应对突发意外、纠纷解决的方案

续表

指　标	具　体　措　施
B21 管理层统筹协调监控	管理层应该及时沟通，协调各项事宜，做到有秩序、有规范，密切监控，做好统筹协调
B22 人员履职规范秩序	针对裁判员、教练员、安保与相关工作人员做好工作划分，各项工作落实到位，确保各部门人员履职尽责，运行规范有序
C21 监督管理	确保场地、场馆、器材及急救设备等无安全隐患，购买场地器材保险

(三) 学校课外体育活动风险转移

根据二维矩阵分析，在学校课外体育活动风险防范中，宜采用风险转移的风险指标主要有 A21、B14。学校应根据上述风险指标采取相应措施转移风险，如为学生购买保险、与家长或者学生签订安全责任协议等来实现风险降低。根据风险坐标图，在学校课外体育活动风险防范中，宜采取风险转移的风险因素如表 6-15 所示。

表 6-15　　　　　　　　学校课外体育活动风险转移应对措施

指　标	具　体　措　施
A21 身体状况	为学生购买意外保险
B14 伤害事故防范	学校可以购买保险、与家长或者学生签订安全责任协议

(四) 学校课外体育活动风险规避

根据二维矩阵分析，在学校课外体育活动风险防范中，宜采用风险规避的风险指标主要有 B12、C11、C31、C32、D11、D31。学校应严格把控学生健康筛查工作，做好课外体育相关的安全培训与健康管理指导，保证场地设备的标准化程度，关注气候因素对课外体育活动的影响，避免在恶劣环境参与课外体育活动。根据风险坐标图，在学校课外体育活动风险防范中，宜采取风险规避的风险因素如表 6-16 所示。

表 6-16　　　　　　　　学校课外体育活动风险规避因子及应对措施

指　　标	具 体 措 施
B12 培训与健康管理	建立学生健康档案
C11 质量安全	确保场地器材设施符合国家标准、无安全隐患
C31 设施设备数量配备	确保学校体育场地、器材、设施配备充足
C32 场地、器材、设施项目专业化程度	确保场地设备专业化配置
D11 气候地理条件	避免在恶劣天气参与课外体育活动
D31 公共卫生事件	密切关注公共卫生安全

四、学校体育竞赛风险应对

学校体育竞赛活动是指在规则的约束下开展的所有校园体育竞赛活动，可分为体育课上的游戏、教学比赛和课后学校组织的各级各类体育竞赛活动，是学校体育育人价值实现的重要途径。[①] 根据学校体育竞赛风险评估结果，确定各风险因素的在风险坐标图中的位置，然后选择相应的风险应对策略，如图 6-5 所示。

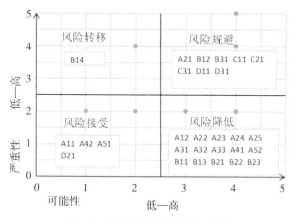

图 6-5　体育竞赛风险因素坐标图

---

① 蒋红文. 学校体育竞赛活动育人价值及实现路径探究[J]. 青少年体育，2020(01)：35-36.

(一)学校体育竞赛风险接受

根据二维矩阵,在学校体育竞赛风险防范中宜采用风险接受的风险指标是 A11、A42、A51、D21。学校可以提高对体育竞赛的重视程度,制定观赛要求、文明观赛,提高学生的心理承受能力,遵守比赛规则等。根据风险坐标图,在学校体育竞赛风险防范中,宜采取风险接受的风险因素如表 6-17 所示。

表 6-17　　　　　　　　　　　学校体育竞赛风险接受措施

指　　标	具 体 措 施
A11 重视程度	提高学校负责人对学校体育赛事的认识和重视程度
A42 观赛秩序	做到遵守赛场秩序、听从工作人员的引导与安排、确保进退场秩序井然
A51 道德与心理素质	提升工作人员的道德与心理素质,文明参赛、遵纪守法、遵守比赛规则、言语和行为得当
D21 学校体育竞赛的传统与氛围	营造良好的学校体育竞赛传统和积极的体育竞赛氛围

(二)学校体育竞赛风险降低

根据二维矩阵,在学校体育竞赛风险防范中,宜采用风险降低的典型风险指标是 A12、A22、A23、A24、A25、A31、A32、A33、A41、A52、B11、B13、B21、B22、B23。学校应严格制定体育竞赛筹备工作,定期集中运动员进行道德与心理素质课程培训,提升运动员的道德和心理素质,加强学校体育竞赛队伍安全宣传教育,提高风险认知能力和应对能力,制定体育竞赛应急预案等。根据风险坐标图,在学校体育竞赛风险防范中,宜采取风险降低的风险因素如表 6-18 所示。

表 6-18　　　　　　　　　　　学校体育竞赛风险降低措施

指　　标	具 体 措 施
A12 组织协调能力	提高学校体育负责人统筹安排和协调监控的能力
A22 道德与心理素质(运动员)	加强运动员的道德与心理素质的提升,做到遵纪守法、衣着言行得当

续表

指　　标	具　体　措　施
A23 积极理性参赛	积极理性参赛，无主观故意心态，能理性对待突发状况
A24 技战术水平	提高技战术水平，能在比赛中正确运用规范技术动作和得当的战术运用
A25 风险防范能力	提高风险认知和防范应对能力
A31 道德与心理素质(裁判员和教练员)	提高道德与心理素质，做到文明参赛、遵纪守法、遵守比赛规则、言行得当
A32 专业水平	提升裁判员的执裁水平、教练员的执教水平及风险防范认知与能力
A33 积极理性参赛	积极理性参赛，无主观故意心态，能理性对待突发状况
A41 观赛素养	做到文明观赛，言语和行为得当，养成良好观赛心态
A52 业务水平	提升工作人员完成岗位任务的胜任力
B11 竞赛安排	做好赛前报备审批、规程制定、财务预算和人员配备
B13 应急预案	做好赛事的安保、突发意外、纠纷解决方案
B21 管理层统筹协调监控	现场管理层密切监控，做好统筹协调
B22 人员履职规范有序	确保裁判员、教练员及安保与相关工作人员履职尽责，运行规范有序
B23 筹备方案执行	严格执行筹备方案，依据竞赛规程合理安排竞赛检录、日程、判罚等赛场运行过程

(三)学校体育竞赛风险转移

根据二维矩阵，在学校体育竞赛风险防范中宜采用风险转移的风险指标是B14。学校可在赛前与运动员、家长、教练员、裁判员等签订主体责任书或相关合同等。根据风险坐标图，在学校体育竞赛风险防范中，宜采取风险转移的风险因素如表 6-19 所示。

表 6-19　　　　　　　　　　学校体育竞赛风险转移措施

指　　标	具　体　措　施
B14 伤害事故防范	购买保险，赛前与运动员、家长、教练员、裁判员等签订主体责任书或相关合同

(四)学校体育竞赛风险规避

根据二维矩阵,在学校体育竞赛风险防范中,宜采用风险规避的风险量值较高的指标是 A21、B12、B31、C11、C21、C31、D11、D31。学校应做好健康筛查、有特殊疾病、运动损伤者和身体状况不佳者避免参加体育竞赛、做好赛前人员培训、确保相关场地器材和信息技术应用畅通、严格把关运动器材质量,避免使用不符合国家标准的运动器材、确保场地器材、信息技术设备、急救设备等数量都按照标准化配置、关注竞赛期间的环境因素,提前了解体育竞赛开展时的天气、地理情况,合理选择地址,避免恶劣天气进行室外体育竞赛。根据风险坐标图,可以看出在学校体育竞赛风险防范中,宜采用风险规避的风险因素如表 6-20所示。

表 6-20　　　　　　　　　　**学校体育竞赛风险规避措施**

指　　标	具　体　措　施
A21 身体状况	确保运动员无影响学校体育竞赛的特殊疾病、既有运动损伤等不良身体状态
B12 培训与健康管理	做好赛前培训,学生健康档案的建立与核查、体检与心理测评等
B31 硬件保障	确保相关场地器材使用和信息技术应用顺畅
C11 质量安全	确保场地器材设施符合国家标准,无安全隐患
C21 监督管理	确保场地、器材、信息技术设备、急救设备等配备数量齐全
C31 设施设备数量配备	确保场地、器材、设施符合项目专业化要求
D11 气候地理条件	提前了解体育竞赛开展时的天气、地理情况,结合多方面因素合理选择地址,避免恶劣天气进行室外体育竞赛,为学生购买伤害险和意外险
D31 公共卫生环境	密切关注公共卫生安全

第七章　后续研究建议

　　实现科学有效的学校体育风险管理，一方面需要从理论上，根据学校体育目标实现中的不确定因素进行识别、评估及其相关矩阵分析，确定风险降低、风险转移、风险回避和风险接受等应对措施的选择与实施，实现风险有效防控；另一方面需要从实际出发，根据学校体育风险因子的严重性及后果严重程度，启动有效的风险应对组合措施，以实现风险的适时防控。与此同时，学校体育风险管理是一个系统的、动态的过程，各影响因素会在发展过程中动态变化，因此，学校在开展学校体育风险管理的过程中，应在既有风险识别和评估结果的基础上，根据实际情况动态调整，制定最适合的学校体育风险管理方案。

　　目前国内外专门针对学校体育风险研究的专题相对较少，本书在搜寻和查找参考资料的过程中发现可供参考与研究的文献资料相对较少，经过课题组成员的合作与努力，本书取得了一定的研究成果。但学校体育风险管理是一项长期、复杂、专业知识较高的研究工作，有关学校体育风险管理更细致和更科学的研究仍需要后续不断地努力。此外，目前学校体育风险管理中对风险管理的方法往往聚焦单一的风险源，而对整体学校体育风险体系中各个风险之间的联系关注不够，在往后的研究中，可以更加聚焦风险间的耦合关系和对风险间联系的评估。

　　近年来，国家发布的《健康中国 2030 规划纲要》《中国教育现代化 2035》等一系列政策对学校体育提出了新的要求和新的目标。在新的时代背景下，学校体育风险管理也将面临新的问题和新的挑战，这需要研究紧随时代发展要求，紧密结合学校发展实际，不断探索学校体育风险管理新的规律和趋势，以期为我国学校体育风险管理提供可供参考的建议与对策。

参 考 文 献

[1]《风险管理》编写组.风险管理[M].成都：西南财经大学出版社，1994.

[2]孙星.风险管理[M].北京：经济管理出版社，2007.

[3]王周伟，崔百胜，杨宝华，等.风险管理[M].上海：上海财经大学出版社，2008.

[4]刘红.高校体育风险管理研究[M].北京：北京体育大学出版社，2012.

[5]高岩.体育赛事风险管理研究基于项目管理理论视角[M].北京：北京体育大学出版社，2017.

[6]石岩等.中小学体育活动风险管理[M].北京：北京体育大学出版社，2012.

[7]谢丽娜.高校体育风险管理研究[M].长春：吉林人民出版社，2020.

[8]陶卫宁.体育赛事策划与管理[M].重庆：重庆大学出版社，2015.

[9][美]小罗宾·阿蒙(Robin Ammon，Jr.)，理查德·M.索撒尔(Richard M. Southall)，大卫·A.巴利尔(David A. Blair).体育场馆赛事筹办与风险管理[M].高俊雄，主译.沈阳：辽宁科学技术出版社，2005.

[10]刘善言.学校体育学[M].济南：山东大学出版社，2001.

[11]周登嵩.学校体育学[M].北京：人民体育出版社，2004.

[12]毛振明，赵立，等.学校体育学[M].北京：高等教育出版社，2001.

[13]季浏.全日制义务教育普通高级中学体育与健康课程标准实验稿解读[M].武汉：湖北教育出版社，2002.

[14]赵富学，王发斌.教师教学策略研修指导[M].长春：吉林大学出版社，2011.

[15][德]赫尔巴特.教育学讲授纲要[M].李其龙，译.北京：人民教育出版

社，2015.

[16]朱德全，易连云，唐智松，等.教育学概论[M].重庆：西南师范大学出版社，2017.

[17]刘园.金融风险管理(第4版)[M].北京：首都经济贸易大学出版社，2019.

[18]冯巧根.风险管理与内部控制[M].北京：人民邮电出版社，2019.

[19]苏竞存.学校体育[M].北京：人民教育出版社，1986.

[20]中国注册会计师协会.公司战略与风险管理[M].北京：中国财政经济出版社，2019.

[21]李维安，戴文涛.公司治理、内部控制、风险管理的关系框架——基于战略管理视角[J].审计与经济研究，2013，28(4).

[22]王东.国外风险管理理论研究综述[J].金融发展研究，2011(2).

[23]丁友刚，胡兴国.内部控制、风险控制与风险管理——基于组织目标的概念解说与思想演进[J].会计研究，2007(12).

[24]谢志华.内部控制、公司治理、风险管理：关系与整合[J].会计研究，2007(10).

[25]汪忠，黄瑞华.国外风险管理研究的理论、方法及其进展[J].外国经济与管理，2005(2).

[26]金彧昉，李若山，徐明磊.COSO报告下的内部控制新发展——从中航油事件看企业风险管理[J].会计研究，2005(2).

[27]丁香乾，石硕.层次分析法在项目风险管理中的应用[J].中国海洋大学学报(自然科学版)，2004(1).

[28]朱荣恩，贺欣.内部控制框架的新发展——企业风险管理框架——COSO委员会新报告《企业风险管理框架》简介[J].审计研究，2003(6).

[29]郑文通.金融风险管理的VAR方法及其应用[J].国际金融研究，1997(9).

[30]石岩，霍炫伊.体育运动风险研究的知识图谱分析[J].体育科学，2017，37(2).

[31]赵毅.体育侵权中受害人同意和自甘风险的二元适用——由"石景山足球伤害案"引发的思考[J].武汉体育学院学报，2014，48(4).

[32]陈德明，李晓亮，李红娟.学校体育运动风险管理研究述评[J].北京体育

大学学报，2012，35（9）.

［33］黄柳倩. 高校体育教师对体育教学风险的识别及规避对策研究［J］. 教育与职业，2012（9）.

［34］石岩，范琳琳. 大学生体育活动风险认知的理论建构［J］. 体育与科学，2011，32（1）.

［35］张大超，李敏. 国外体育风险管理体系的理论研究［J］. 体育科学，2009，29（7）.

［36］石岩，侯婵莉. 体育活动风险认知特征及其影响因素的理论研究［J］. 体育科学，2008（10）.

［37］田旻露，魏勇. 简论学校体育伤害事故的风险［J］. 首都体育学院学报，2008（5）.

［38］高进，石岩. 中学生体育活动伤害事故的风险管理［J］. 体育与科学，2008（5）.

［39］石岩. 体育活动风险研究之思考［J］. 体育与科学，2008（2）.

［40］杨晓军. 高校体育教学中的风险管理思考［J］. 教师教育研究，2007（5）.

［41］王苗，石岩. 小学生体育活动的安全问题与风险防范理论研究［J］. 体育与科学，2006（6）.

［42］张超慧，张俊. 学校体育风险利益透视［J］. 北京体育大学学报，2004（5）.

［43］赵富学，陈蔚，王杰，陈慧芳. "立德树人"视域下体育课程思政建设的五重维度及实践路向研究［J］. 武汉体育学院学报，2020，54（4）.

［44］陈蔚，李燕燕，黄明明. 基于层次全息模型的中小学体育运动会风险评估研究［J］. 武汉体育学院学报，2019，53（11）.

［45］林伟光，任雅琴，龙秋生. 学校体育促进学生身心健康与安全风险防控体系构建研究［J］. 广州体育学院学报，2018，38（2）.

［46］蒲毕文，贾宏. 大型体育赛事风险评估的结构方程模型构建及实证研究［J］. 中国体育科技，2018，54（2）.

［47］肖旭，杨科. 高校体育管理中的风险因素分类分析［J］. 成都体育学院学报，2014，40（6）.

［48］石岩，南利军. 高中生体育活动风险认知的理论研究［J］. 西安体育学院学报，2012，29（2）.

[49] 霍德利. 体育赛事风险的识别与评估[J]. 沈阳体育学院学报, 2010, 29 (6).

[50] 苏敏. 体育类专业大学生教育投资风险研究[J]. 体育文化导刊, 2010(8).

[51] 赵富学, 王相飞, 汪全先. 德国课程改革进程中体育学科核心素养的构建及启示[J]. 西安体育学院学报, 2020, 37(5).

[52] 赵富学, 程传银, 尚力沛. 体育学科核心素养研究的问题及其破解之道[J]. 体育学刊, 2019, 26(6).

[53] Douglass M. Risk Acceptability According to the Social Sciences[M]. London: Routledge, 2003.

[54] Douglas M., A. Wildavsky. Risk and Culture [M]. Berkeley: University of California Press, 1982.

[55] Will G., Stephen W., Kenneth L., et al. Risk Factors and Risk Statistics for Sports Injuries[J]. Clinical Journal of Sport Medicine, 2007, 17(3).

[56] Appenzeller H. Risk Management in Sport [M]. US: Carolina Academic Press, 2005.

[57] John S. Safety and Risk in Primary School Physical Education[M]. Taylor and Francis, 2003.

[58] Spengler J. O., Connaughton D. P., Pittman A. T. Risk Management in Sport and Recreation[M]. US: Human Kinetics, 2006.

[59] Gondim, Olivia S. Benefits of Regular Exercise on Inflammatory and Cardiovascular Risk Markers in Normal Weight, Overweight and Obese Adults[J]. Plos One, 2015, 10.

[60] Watson A., Post E., Biese K., et al. Decreased Physical Activity and Sleep, Not Sport Specialization, Predict Illness in Middle School Athletes [J]. Sports Health, 2020.

[61] Karel Frömel, DrSc, Lukáš Jakubec Mgr, et al. Physical Activity of Secondary School Adolescents at Risk of Depressive Symptoms[J]. Journal of School Health, 2020, 90(8).

[62] Richardson A. S., North K. E., Graff M., et al. Moderate to Vigorous Physical Activity Interactions with Genetic Variants and Body Mass Index in a Large US

Ethnically Diverse Cohort[J]. Pediatr Obes, 2014, 9(2).

[63] Werneck A. O., Da Silva D., Fernandes R., et al. Sport Participation and Metabolic Risk During Adolescent Years: A Structured Equation Model [J]. International Journal of Sports Medicine, 2018, 39(9).

[64] Duncan DF. Epidemiology: Basis for Disease Prevention and Health Promotion [M]. New York: MacMillan, 1988.

[65] Campbell, R. A., Gorman, S. A., Thoma, R. J., et al. Risk of Concussion During Sports Versus Physical Education Among New Mexico Middle and High School Students[J]. American Journal of Public Health, 2018, 108(1).

[67] Gurdogan M., Gurdogan E. P., Ozkan U., Kurt C. What Do College of Sports Students Think About Sudden Cardiac Death Athletes? [J]. Acta Medica Mediterranea, 2019, 35(4).

[68] Baggish AL, Hutter AM Jr, Wang F, et al. Cardiovascular Screening in College Athletes with and without Electrocardiography: A Cross-sectional Study [J]. Annals of Internal Medicine, 2010(152).

[69] DeFroda S. F., McDonald C., Myers C., et al.. Sudden Cardiac Death in the Adolescent Athlete: History, Diagnosis, and Prevention [J]. The American Journal of Medicine, 2019(5): 25.

[70] Ulrich B. Risk Society: Towards a New Modernity[M]. Translated by Mark Ritter. London: Sage Publications, 1992, 21.

[71] Boden B. P., Fine K. M., Breit I, et al. Nontraumatic Exertional Fatalities in Football Players, Part 1: Epidemiology and Effectiveness of National Collegiate Athletic Association Bylaws[J]. Orthopaedic Journal of Sports Medicine, 2020, 8 (8).

附　　录

附录 1：学校体育课风险管理调查问卷

您好！我们正在进行学校体育课风险管理的问卷调查，希望得到您的支持。请抽出您宝贵的时间填写下面这份问卷，您的认真作答对我们的研究至关重要，本问卷匿名，最终结果仅用于学术研究，各问题选项无对错之分，请您按自己的实际情况填写。非常感谢您对我们研究的支持与帮助，祝您愉快。

学校体育风险管理研究课题组

1. 您的职业（　　　）

   A. 学生　　　　　B. 教师　　　　　C. 校领导　　　　D. 医护人员

   E 其他

2. 您的性别（　　　）

   A. 男　　　　　B. 女

3. 学/授年级（　　　）

   A. 小学　　　　　B. 初中　　　　　C. 高中　　　　　D. 大学及以上

4. 您认为学校体育课中可能导致体育伤害事故的因素有哪些？如认为有，请勾选"✓"各因素的风险等级。

风 险 因 素	无	有				
		高（5）	较高（4）	一般（3）	弱（2）	较弱（1）
人员风险						
管理风险						
场地设施风险						
环境风险						
其他						

5. 您认为学校体育课中学生风险有哪些？如认为有，勾选"✓"各因素的风险
等级。

学生风险因素	无	有				
		高（5）	较高（4）	一般（3）	弱（2）	较弱（1）
先天性疾病						
过度运动						
睡眠不足（熬夜）或不良饮食等问题						
没有充分进行准备活动						
自我保护和调节能力弱						
同学之间出现摩擦、碰撞						
缺乏体育运动知识或常识						
身体状况不佳						
风险防范能力弱						
道德与心理素质较差						
服用药物						
自身患有心脑血管疾病						

6. 您认为学校体育课中教师风险有哪些？如认为有，勾选"✓"各因素的风险
等级。

体育教师风险因素	无	有				
		高(5)	较高(4)	一般(3)	弱(2)	较弱(1)
课前准备工作不到位						
没有带领或要求学生充分进行准备活动——热身						
教学中没有充分考虑到学生间的个体差异						
教学中不善于观察，不能及时发现异常的学生						
缺乏体育运动急救知识或常识						
学生活动过程中的保护工作不到位						
对有不合理情绪的学生缺乏正确引导，甚至采取非理性行为						
风险防范能力弱						
教学内容超出大纲，向学生提出过高要求						
道德与心理素质较差						

7. 您认为学校体育课中体育管理者风险有哪些？如认为有，勾选"√"各因素的风险等级。

学校体育管理者风险因素	无	有				
		高(5)	较高(4)	一般(3)	弱(2)	较弱(1)
领导重视程度不够						
组织协调能力						
身体状况不佳						
道德与心理素质						
对学生的安全教育不到位						
体育教师急救知识培训不到位						

学校体育管理者风险因素	无	有				
		高（5）	较高（4）	一般（3）	弱（2）	较弱（1）
聘任不负责任的体育教师						
购买质量不合格体育器材						
没有建立与学校医务室或周边医疗系统的合作联系						

8. 您认为学校体育课中组织管理风险有哪些？如认为有，勾选"√"各因素的风险等级。

组织管理风险因素	无	有				
		高（5）	较高（4）	一般（3）	弱（2）	较弱（1）
安全教育管理没有落实到位						
学校管理者对体育运动猝死风险认识不足						
体育管理者经验水平风险						
场地器材管理人员不负责任						
学校没有建立学生个人健康档案						
没有给学生安排定期的体检						
医务监督不力，体检没有落到实处						

9. 您认为学校体育课中救援人员风险有哪些？如认为有，勾选"√"各因素的风险等级。

救援人员风险因素	无	有				
		高（5）	较高（4）	一般（3）	弱（2）	较弱（1）
救援人员自身救援水平						
救援人员到达不及时						

10. 您认为学校体育课中目击人员风险有哪些？如认为有，勾选"√"各因素的风险等级。

目击人员风险因素	无	有				
		高(5)	较高(4)	一般(3)	弱(2)	较弱(1)
目击人员不能及时察觉异常事故						
目击人员报警不及时						

11. 您认为学校体育课中场地设施风险有哪些？如认为有，勾选"√"各因素的风险等级。

场地设施风险因素	无	有				
		高(5)	较高(4)	一般(3)	弱(2)	较弱(1)
场地太小，学生进行活动非常拥挤						
场地建造设计得不合理						
设施不完善，体育器械陈旧甚至破损、扭曲						

12. 您认为学校体育课中环境风险有哪些？如认为有，勾选"√"各因素的风险等级。

环境风险因素	无	有				
		高(5)	较高(4)	一般(3)	弱(2)	较弱(1)
恶劣天气(高温、寒冷等天气)						
他人的恶意干扰						
社会各界对体育安全工作的不重视						

13. 您认为还有哪些学校体育课风险因素？请您补充：

_____

_____

问卷到此结束，非常感谢您的认真填写，祝您愉快！

附录 2：学校运动队训练风险管理调查问卷

　　您好！我们正在进行学校运动队训练风险管理的问卷调查，希望得到您的支持。请抽出您宝贵的时间填写下面这份问卷，您的认真作答对我们的研究至关重要，本问卷匿名，最终结果仅用于学术研究，各问题选项无对错之分，请您按自己的实际情况填写。非常感谢您对我们研究的支持与帮助，祝您愉快。

学校体育风险管理研究课题组

1. 您的职业（　　　）

　　A. 学生　　　　　B. 教练　　　　C. 校领导　　　　D. 医护人员

　　E. 其他

2. 您的性别（　　　）

　　A. 男　　　　　　B. 女

3. 学/授年级（　　　）

　　A. 小学　　　　　B. 初中　　　　C. 高中　　　　D. 大学及以上

4. 您认为学校运动队训练中可能导致体育风险事件的因素有哪些？如认为有，请勾选"√"各因素的风险等级。

风险因素	无	有				
		高(5)	较高(4)	一般(3)	弱(2)	较弱(1)
人员风险						
管理风险						
场地设施风险						
环境风险						
其他						

5. 您认为学校中运动队训练学生运动员风险有哪些？如认为有，勾选"√"各因素的风险等级。

学生运动员风险因素	无	有				
		高（5）	较高（4）	一般（3）	弱（2）	较弱（1）
先天性疾病						
过度运动						
睡眠不足（熬夜）或不良饮食等问题						
没有充分进行准备活动						
自我保护和调节能力弱						
同学之间出现摩擦、碰撞						
缺乏体育运动知识或常识						
身体状况不佳						
风险防范能力弱						
道德与心理素质较差						
服用药物						
自身患有心脑血管疾病						

6. 您认为学校运动队训练中教练风险有哪些？如认为有，勾选"✓"各因素的风险等级。

教练风险因素	无	有				
		高（5）	较高（4）	一般（3）	弱（2）	较弱（1）
课前准备工作不到位						
没有带领或要求学生充分地进行准备活动——热身						
教学中没有充分考虑到学生间的个体差异						
教学中不善于观察，不能及时发现表现异常的学生						
缺乏体育运动急救知识或常识						
学生活动过程中的保护工作不到位						

教练风险因素	无	有				
		高（5）	较高（4）	一般（3）	弱（2）	较弱（1）
对有不合理情绪的学生缺乏正确引导，采取非理性行为						
风险防范能力弱						
训练内容超出学生负荷，向学生提出过高要求						
道德与心理素质较差						

7. 您认为学校运动队训练中学校体育管理者风险有哪些？如认为有，勾选"√"各因素的风险等级。

学校体育管理者风险因素	无	有				
		高（5）	较高（4）	一般（3）	弱（2）	较弱（1）
领导重视程度不够						
组织协调能力						
身体状况不佳						
道德与心理素质						
对学生的安全教育不到位						
对教练员的急救知识培训不到位						
聘任不负责任的体育教师						
购买质量不合格的体育器材和实施						
没有建立与学校医务室或周边医疗系统的合作联系						

8. 您认为学校运动队训练中组织管理风险有哪些？如认为有，勾选"√"各因素的风险等级。

组织管理风险因素	无	有				
		高(5)	较高(4)	一般(3)	弱(2)	较弱(1)
安全教育管理没有落实到位						
学校管理者对体育运动猝死风险认识不足						
体育管理者经验水平风险						
场地器材管理人员不负责任						
学校没有建立学生个人健康档案						
没有给学生安排定期的体检						
医务监督不力，体检没有落到实处						

9. 您认为学校运动队训练中救援人员风险有哪些？如认为有，勾选"✓"各因素的风险等级。

救援人员风险因素	无	有				
		高(5)	较高(4)	一般(3)	弱(2)	较弱(1)
救援人员自身救援水平						
救援人员到达不及时						

10. 您认为学校运动队训练中目击人员风险有哪些？如认为有，勾选"✓"各因素的风险等级。

目击人员风险因素	无	有				
		高(5)	较高(4)	一般(3)	弱(2)	较弱(1)
目击人员不能及时察觉异常事故						
目击人员报警不及时						

11. 您认为学校运动队训练中场地设施风险有哪些？如认为有，勾选"✓"各因素的风险等级。

147

场地设施风险因素	无	有				
		高(5)	较高(4)	一般(3)	弱(2)	较弱(1)
场地太小，学生进行活动非常拥挤						
场地建造设计得不合理						
设施不完善，体育器械陈旧甚至破损、扭曲						

12. 您认为学校运动队训练中环境风险有哪些？如认为有，勾选"√"各因素的风险等级。

环境风险因素	无	有				
		高(5)	较高(4)	一般(3)	弱(2)	较弱(1)
恶劣天气(高温、寒冷等天气)						
他人的恶意干扰						
社会各界对体育安全工作的不重视						

13. 您认为还有哪些学校运动队训练风险因素？请您补充：

_____

_____

问卷到此结束，非常感谢您的认真填写，祝您愉快！

附录3：学校课外体育活动风险管理调查问卷

　　您好！我们正在进行学校课外体育活动风险管理的问卷调查，希望得到您的支持。请抽出您宝贵的时间填写下面这份问卷，您的认真作答对我们的研究至关重要，本问卷匿名，最终结果仅用于学术研究，各问题选项无对错之分，请您按自己的实际情况填写。非常感谢您对我们研究的支持与帮助，祝您愉快。

学校体育风险管理研究课题组

1. 您的职业(　　　)

　　A. 学生　　　　　B. 教师　　　　　C. 校领导　　　　D. 医护人员

　　E. 其他

2. 您的性别(　　　)

　　A. 男　　　　　B. 女

3. 学/授年级(　　　)

　　A. 小学　　　　　B. 初中　　　　　C. 高中　　　　D. 大学及以上

4. 您认为学校课外体育活动中可能导致风险事件的风险因素有哪些？如认为有，请勾选"√"各因素的风险等级。

风险因素	无	有				
		高(5)	较高(4)	一般(3)	弱(2)	较弱(1)
人员风险						
组织管理风险						
场地设施风险						
环境风险						
其他						

5. 您认为学校课外体育活动中学生风险有哪些？如认为有，勾选"√"各因素的风险等级。

学生风险因素	无	有				
		高(5)	较高(4)	一般(3)	弱(2)	较弱(1)
先天性疾病						
过度运动						
睡眠不足(熬夜)或不良饮食等问题						
没有充分地进行准备活动——热身						
自我保护和调节能力弱						
同学之间出现摩擦、碰撞						
缺乏体育运动知识或常识						
身体状况不佳						
风险防范能力弱						
道德与心理素质较差						
服用药物						
自身患有心脑血管疾病						

6. 您认为学校课外体育活动中活动组织者风险有哪些？如认为有，勾选"√"各因素的风险等级。

活动组织者风险因素	无	有				
		高(5)	较高(4)	一般(3)	弱(2)	较弱(1)
活动前准备工作不到位						
没有带领或要求学生充分地进行准备活动——热身						
没有充分考虑到学生间的个体差异						
不善于观察，不能及时发现表现异常的学生						

续表

活动组织者风险因素	无	有				
		高（5）	较高（4）	一般（3）	弱（2）	较弱（1）
缺乏体育运动急救知识或常识						
学生活动过程中的保护工作不到位						
对有不合理情绪的学生缺乏正确引导，采取非理性行为						
风险防范能力弱						
道德与心理素质较差						
对课外体育的组织能力差						

7. 您认为学校课外体育活动中管理者风险有哪些？如认为有，勾选"√"各因素的风险等级。

学校管理者风险因素	无	有				
		高（5）	较高（4）	一般（3）	弱（2）	较弱（1）
领导重视程度不够						
组织协调能力						
身体状况不佳						
道德与心理素质						
对学生的安全教育不到位						
急救知识培训不到位						
购买质量不合格的体育器材和实施						
没有建立与学校医务室或周边医疗系统的合作联系						

8. 您认为学校课外体育活动中救援人员风险有哪些？如认为有，勾选"√"各因素的风险等级。

救援人员风险因素	无	有				
		高(5)	较高(4)	一般(3)	弱(2)	较弱(1)
救援人员自身救援水平						
救援人员到达不及时						

9. 您认为学校课外体育活动中目击人员风险有哪些？如认为有，勾选"√"各因素的风险等级。

目击人员风险因素	无	有				
		高(5)	较高(4)	一般(3)	弱(2)	较弱(1)
目击人员不能及时察觉异常事故						
目击人员报警不及时						

10. 您认为学校课外体育活动中场地设施风险有哪些？如认为有，勾选"√"各因素的风险等级。

场地设施风险因素	无	有				
		高(5)	较高(4)	一般(3)	弱(2)	较弱(1)
场地太小，学生进行活动非常拥挤						
场地建造设计得不合理						
设施不完善，体育器械陈旧甚至破损、扭曲						

11. 您认为学校课外体育活动中环境风险有哪些？如认为有，勾选"√"各因素的风险等级。

环境风险因素	无	有				
		高 (5)	较高 (4)	一般 (3)	弱 (2)	较弱 (1)
恶劣天气 (高温、寒冷等天气)						
他人的恶意干扰						
社会各界对体育安全工作的不重视						
公共卫生环境 (流行疾病)						

12. 您认为还有哪些学校课外体育活动的风险因素？请您补充：

问卷到此结束，非常感谢您的认真填写，祝您愉快！

附录4：学校体育竞赛风险管理调查问卷

　　您好！我们正在进行学校体育竞赛风险管理的问卷调查，希望得到您的支持。请抽出您宝贵的时间填写下面这份问卷，您的认真作答对我们的研究至关重要，本问卷匿名，最终结果仅用于学术研究，各问题选项无对错之分，请您按自己的实际情况填写。非常感谢您对我们研究的支持与帮助，祝您愉快。

学校体育风险管理研究课题组

1. 您的职业(　　　)

　　A. 学生　　　　　B. 教师　　　　　C. 校领导　　　　　D. 医护人员

　　E. 其他

2. 您的性别(　　　)

　　A. 男　　　　　B. 女

3. 学/授年级(　　　)

　　A. 小学　　　　　B. 初中　　　　　C. 高中　　　　　D. 大学及以上

4. 您认为学校体育竞赛中可能导致风险事件的因素有哪些？如认为有，请勾选"√"各因素的风险等级。

风险因素	无	有				
		高(5)	较高(4)	一般(3)	弱(2)	较弱(1)
人员风险						
组织管理风险						
场地设施风险						
外部风险						
其他						

5. 您认为学校体育竞赛中参赛队员风险有哪些？如认为有，勾选"√"各因素的
   风险等级。

参赛队员风险因素	无	有				
		高（5）	较高（4）	一般（3）	弱（2）	较弱（1）
先天性疾病						
过度运动						
睡眠不足（熬夜）或不良饮食等问题						
没有充分地进行准备活动——热身						
自我保护和调节能力弱						
参赛队员之间出现摩擦、碰撞						
缺乏体育运动知识或常识						
身体状况不佳						
风险防范能力弱						
道德与心理素质较差						
服用药物						
自身患有心脑血管疾病						

6. 您认为学校体育竞赛中裁判员和教练员风险有哪些？如认为有，勾选"√"各
   因素的风险等级。

裁判员和教练员风险因素	无	有				
		高（5）	较高（4）	一般（3）	弱（2）	较弱（1）
竞赛前准备工作不到位						
没有要求参赛队员充分地进行准备活动——热身						
没有充分考虑到参赛队员间的个体差异						
不善于观察，不能及时发现表现异常的学生						

续表

裁判员和教练员风险因素	无	有				
		高（5）	较高（4）	一般（3）	弱（2）	较弱（1）
缺乏体育运动急救知识或常识						
竞赛过程中的保护工作不到位						
对有不合理情绪的学生缺乏正确引导，非理性行为						
风险防范能力弱						
道德与心理素质较差						
对体育竞赛的执裁、监控能力差						

7. 您认为学校体育竞赛中管理者风险有哪些？如认为有，勾选"√"各因素的风险等级。

管理者风险因素	无	有				
		高（5）	较高（4）	一般（3）	弱（2）	较弱（1）
领导重视程度						
组织协调能力						
身体状况不佳						
道德与心理素质						
对学生的安全教育不到位						
急救知识培训不到位						
购买质量不合格的体育器材和实施						
没有建立与学校医务室或医疗系统的合作联系						

8. 您认为学校体育竞赛中救援人员风险有哪些？如认为有，勾选"√"各因素的风险等级。

救援人员风险因素	无	有				
		高（5）	较高（4）	一般（3）	弱（2）	较弱（1）
救援人员自身救援水平						
救援人员到达不及时						

9. 您认为学校体育竞赛中目击人员风险有哪些？如认为有，勾选"√"各因素的
风险等级。

目击人员风险因素	无	有				
		高（5）	较高（4）	一般（3）	弱（2）	较弱（1）
目击人员不能及时察觉异常事故						
目击人员报警不及时						

10. 您认为学校体育竞赛中场地设施风险有哪些？如认为有，勾选"√"各因素的
风险等级。

场地设施风险因素	无	有				
		高（5）	较高（4）	一般（3）	弱（2）	较弱（1）
竞赛场地太小，学生进行比赛时非常拥挤						
场地建造设计得不合理						
设施不完善，体育器械陈旧甚至破损、扭曲						

11. 您认为学校体育竞赛中环境风险有哪些？如认为有，勾选"√"各因素的风险
等级。

157

环境风险因素	无	有				
		高(5)	较高(4)	一般(3)	弱(2)	较弱(1)
恶劣天气(高温、寒冷等天气)						
他人的恶意干扰						
社会各界对体育安全工作的不重视						
公共卫生环境(流行疾病)						

12. 您认为还有哪些学校体育竞赛风险因素？请您补充：

_____

_____

问卷到此结束，非常感谢您的认真填写，祝您愉快！

附录5：调查问卷专家效度检验表

请您在确定的水平相对应的分值框内打"√"

1. 您认为此问卷的选题如何？（　　　）

	非常有意义	有意义	比较有意义	一般	无意义
分值	5	4	3	2	1

2. 您认为此问卷所设计的问题能否反映调查内容？

	完全能	能	比较能	一般	不能
分值	5	4	3	2	1

3. 您对本问卷内容设计的总体评价如何？

	非常合理	合理	比较合理	一般	不合理
分值	5	4	3	2	1

4. 您对本问卷结构设计的总体评价如何？（　　　）

	非常合理	合理	比较合理	一般	不合理
分值	5	4	3	2	1

5. 您对本问卷设计的总体评价如何(信度)?(　　　)

	非常合理	合理	比较合理	一般	不合理
分值	5	4	3	2	1

6. 您对本问卷设计的总体评价如何(效度)?(　　　)

	非常有效	有效	比较有效	一般	无效
分值	5	4	3	2	1

7. 您认为需要改进或补充哪些方面能使论文的研究内容更加完善、科学合理,以及您认为哪些内容需要增删?(请写明题号并提出您的意见)

附录6：学校体育课风险等级评分表

填表说明：

　　下表为基于已有文献、调查问卷及案例分析确定的学校体育课风险等级评估表，请您根据实际情况或依据您的教学经验，评估学校体育课各风险因素发生的可能性和严重性，并在相应的空格内填上相应的数字。评估采用5级评判（见下表），如您认为某一项风险指标在学校体育课风险中发生"不可能""不太严重"，即在后面空格内分别填上2、3。

风险发生可能性及严重性等级评分表

风险发生的可能性				
根本不可能	不可能	有点可能	比较有可能	非常有可能
1	2	3	4	5
风险发生的严重性				
没有影响	不严重	不太严重	比较严重	非常严重
1	2	3	4	5

学校体育课风险等级评分表

风　险　因　素	可能性	严重性
A11 重视程度（对学校体育课认识及重视程度等）		
A12 组织协调能力（统筹安排和学校体育风险监管能力等）		
A21 风险认知能力（安全防范意识、安全预见性及危险警示性认知、体育安全常识等）		
A22 教师素养（履职尽责、言行得当等）		
A23 风险防范及应对能力（安全急救能力、风险洞察能力、风险应对能力等）		

风 险 因 素	可能性	严重性
A31 风险认知和防范能力(风险认知和防范应对能力、身体状况认知及汇报等)		
A32 课堂行为(服装得当、遵守课堂纪律、动作规范、使用器材得当、言行得当、无主观故意行为等)		
A33 身体状况(无特殊疾病、运动损伤及不良身体状态等)		
A34 心理因素(心理状态、理性对待突发状况等)		
B11 教育与培训管理(学校、教师、学生安全教育活动和培训的开展等)		
B12 应急预案(突发意外、纠纷解决方案等)		
B13 伤害事故防范(购买保险、签订合同等)		
B14 教学质量监控(教学常规及质量检查及监督等)		
B21 教学设计(教学安排科学合理、教学教法严谨、运动负荷和练习密度适度、选址合理等)		
B22 教学组织(教师尽职尽责、安全讲解及监督到位、组织有序严格等)		
B23 应急保障(事故处理及时有序等)		
B31 医务监督保障(学校卫生保健制度、学生健康档案建立与核查、体检与心理测评工作、医务人员配备及专业水平、专业急救设备配备等)		
B32 急救措施(措施及时、措施合理科学等)		
C11 质量安全(教学设施、设备符合国家规定安全卫生标准、无安全隐患等)		
C21 监督管理(场地、场馆、器材及急救设备等定期检查和安全隐患排查等)		
C31 设施设备数量配备(场地、器材、信息技术设备、急救设备等)		
C32 场地、器材、设施项目专业化程度		

续表

风 险 因 素	可能性	严重性
D11 气候地理条件（恶劣天气、地震、台风、泥石流、流行性疾病、高温天气、寒冷天气等）		
D21 校园体育文化和氛围		
D31 公共卫生事件		

附录7：学校运动队训练风险等级评分表

填表说明：

  下表为基于已有文献、调查问卷及案例分析确定的学校运动队训练风险等级评估表，请您根据实际情况或依据您的教学经验评估学校运动队训练各风险因素发生的可能性和严重性，并在相应的空格内填上相应的数字。评估采用5级评判（见下表），如您认为某一项风险指标在学校运动队训练中发生"不可能""不太严重"，即在后面空格内分别填上2、3。

风险发生可能性及严重性等级评分表

风险发生的可能性				
根本不可能	不可能	有点可能	比较有可能	非常有可能
1	2	3	4	5
风险发生的严重性				
没有影响	不严重	不太严重	比较严重	非常严重
1	2	3	4	5

学校运动队训练风险等级评分表

风险因素	可能性	严重性
A11 重视程度（对运动队的认识和重视程度等）		
A12 队伍建设能力（运动队的训练目标和规划等）		
A13 组织实施能力（统筹安排和训练队风险监管能力等）		
A21 训练把控能力（了解运动员参加项目、身体条件、心理状况、家庭情况、学习能力等）		
A22 数量配备（根据项目或年级配备的教练员数量等））		

续表

风 险 因 素	可能性	严重性
A23 风险认知能力（准备活动充分、训练内容符合学生身心发展特点、安全知识讲解、体育场馆设施检查等）		
A24 专业素养（尽职履责、制定严格队伍纪律、训练计划、训练内容、严格把控训练量等）		
A25 风险应对能力（安全急救能力、洞察能力、风险应对能力等）		
A31 训练准备（训练服装适宜得体、热身充分等）		
A32 风险认知与防控能力（训练队风险认知与防控应对能力、及时报告不良身体状况等）		
A33 训练行为（训练态度端正、按要求正确使用体育器材、言行得当、无主观故意行为等）		
A34 队伍纪律（纪律严明、不追逐打闹等）		
A35 身体状况（无特殊疾病、运动损伤及不良身体状态等）		
A36 心理因素（心理状态、理性对待突发状况等）		
B11 安全教育（对学生及教练员、体育设施设备的管理人员的安全教育等）		
B12 应急预案（突发意外、训练场馆管理等等）		
B13 伤害事故防范（购买保险、签订合同等）		
B21 训练计划（训练安排合理、训练计划科学、训练内容符合学生生长发育特点、动作示范准确、运动负荷把控严密、督促学生进行放松活动、关注训练后不正确的进食和洗浴问题等）		
B22 训练纪律		
B23 应急预案（应急措施及时、合理、科学等）		
B31 医务监督保障（学校卫生保健制度、运动员健康档案建立与核查、体检与心理测评工作、医务人员配备及专业水平、专业急救设备配备等）		
B32 急救措施（措施及时、措施合理科学等）		
C11 质量安全（场地器材设施符合国家标准、无安全隐患等）		

风 险 因 素	可能性	严重性
C21 监督管理(场地、场馆、器材及急救设备等定期检查和安全隐患排查等)		
C31 设施设备数量配备(场地、器材、信息技术设备、急救设备等)		
C32 场地、器材、设施项目专业化程度		
D11 气候地理条件(恶劣天气、地震、台风、泥石流、流行性疾病、高温天气、寒冷天气等)		
D21 学校训练队体育氛围		
D31 公共卫生事件		

附录8：学校课外体育活动风险等级评分表

填表说明：

下表为基于已有文献、调查问卷及案例分析确定的学校课外体育活动风险等级评估表，请您根据实际情况或依据您的教学经验评估学校课外体育活动各风险因素发生的可能性和严重性，并在相应的空格内填上相应的数字。评估采用5级评判(见下表)，如您认为某一项风险指标在学校课外体育活动中发生"不可能""不太严重"，即在后面空格内分别填上2、3。

风险发生可能性及严重性等级评分表

风险发生的可能性				
根本不可能	不可能	有点可能	比较有可能	非常有可能
1	2	3	4	5
风险发生的严重性				
没有影响	不严重	不太严重	比较严重	非常严重
1	2	3	4	5

学校课外体育活动风险等级评分表

风 险 因 素	可能性	严重性
A11 重视程度(对课外体育活动认识和重视程度等)		
A12 组织协调能力(统筹安排和协调监控的能力等)		
A21 身体状况(无特殊疾病、运动损伤和不良身体状态等)		
A22 道德与心理素质(遵纪守法、衣着得体、言行得当、良好心态等)		
A23 积极理性参与(积极参与、理性对待突发状况等)		
A24 参与水平(动作规范、运用得当等)		

风 险 因 素	可能性	严重性
A25 风险防范能力(风险认知和防范应对能力等)		
A31 道德与心理素质(公平公正、执行规则、言行得当等)		
A32 专业素养(专业水平、风格等)		
A33 组织水平(执行及应对水平,秩序有序等)		
A34 风险防范能力(风险认知和防范应对能力等)		
B11 活动安排(报备审批、活动方案制定、人员配备、场地安排等)		
B12 培训与健康管理(活动培训、学生健康档案建立与核查、体检与心理测评等)		
B13 应急预案(突发意外、纠纷解决方案、交通等)		
B14 伤害事故防范(购买保险、签订合同等)		
B21 管理层统筹协调监控		
B22 人员履职规范秩序(裁判员、教练员及安保与相关工作人员尽职尽责等)		
C11 质量安全(场地器材设施符合国家标准、无安全隐患等)		
C21 监督管理(场地、场馆、器材及急救设备等定期检查和安全隐患排查等)		
C31 设施设备数量配备(场地、器材、信息技术设备、急救设备等)		
C32 场地、器材、设施项目专业化程度		
D11 气候地理条件(恶劣天气、地震、台风、泥石流、流行性疾病、选址等)		
D21 课外体育竞赛传统与氛围		
D31 公共卫生事件		

附录9：学校体育竞赛风险等级评分表

填表说明：

下表为基于已有文献、调查问卷及案例分析确定的学校体育竞赛风险等级评估表，请您根据实际情况或依据您的教学经验评估学校体育竞赛各风险因素发生的可能性和严重性，并在相应的空格内填上相应的数字。评估采用5级评判（见下表），如您认为某一项风险指标在学校体育竞赛风险中发生"不可能""不太严重"，即在后面空格内分别填上2、3。

风险发生可能性及严重性等级评分表

风险发生的可能性				
根本不可能	不可能	有点可能	比较有可能	非常有可能
1	2	3	4	5
风险发生的严重性				
没有影响	不严重	不太严重	比较严重	非常严重
1	2	3	4	5

学校体育竞赛风险等级评分表

风 险 因 素	可能性	严重性
A11 重视程度（对学校体育竞赛的认识和重视程度等）		
A12 组织协调能力（统筹安排和协调监控的能力等）		
A21 身体状况（无特殊疾病、既有运动损伤和不良身体状态等）		
A22 道德与心理素质（遵纪守法、衣着言行得当等）		
A23 积极理性参赛（无主观故意、理性对待突发状况等）		
A24 技战术水平（技术动作规范、战术运用得当等）		
A25 风险防范能力（风险认知和防范应对能力等）		

风 险 因 素	可能性	严重性
A31 道德与心理素质(文明参赛、遵纪守法、遵守比赛规则、言行得当等)		
A32 专业水平(裁判员执裁水平、教练员执教风格、风险防范认知与能力等)		
A33 积极理性参赛(无主观故意、理性对待突发状况等)		
A41 观赛素养(言语和行为得当、良好观赛心态等)		
A42 观赛秩序(遵守赛场秩序、听从工作人员引导安排、进退场秩序井然等)		
A51 道德与心理素质(安保、志愿者、医护人员等文明参赛、遵纪守法、遵守比赛规则、言语和行为得当等)		
A52 业务水平(完成岗位任务的胜任力等)		
B11 竞赛安排(报备审批、规程制定、财务预算、人员配备等)		
B12 培训与健康管理(赛前培训、学生健康档案建立与核查、体检与心理测评等)		
B13 应急预案(交通、安保、突发意外、纠纷解决方案等)		
B14 伤害事故防范(购买保险、签订合同等)		
B21 管理层统筹协调监控		
B22 人员履职规范有序(裁判员、教练员及安保与相关工作人员尽职尽责等)		
B23 筹备方案执行(依据竞赛规程合理安排竞赛检录、日程、判罚等)		
B31 硬件保障(相关场地器材使用、信息技术应用保障等)		
C11 质量安全(场地器材设施符合国家标准、无安全隐患等)		
C21 监督管理(场地、场馆、器材及急救设备等定期检查和安全隐患排查等)		
C31 设施设备数量配备(场地、器材、信息技术设备、急救设备等)		

续表

风 险 因 素	可能性	严重性
D11 气候地理条件(恶劣天气、地震、台风、泥石流、流行性疾病、选址等)		
D21 学校体育竞赛传统与氛围		
D31 公共卫生事件		